AI, 나의 거울

캡차(CAPTCHA) 퍼즐에서
존재의 질문까지

『AI, 나의 거울 - 캡차(CAPTCHA) 퍼즐에서 존재의 질문까지』

이 책은 인간과 인공지능(AI)이 함께 써 내려간 사유(思惟)의 기록입니다.

AI는 단순한 도구가 아니라 제 아이디어를 확장하고, 사고의 틀을 흔드며, 지적 촉매로 작용하였습니다.

GPT와 Gemini, 두 인공지능과의 끊임없는 대화와 수정을 거쳐, 이 책은 차츰 형태를 이루고 완성되었습니다.

여기서 '함께 써 내려간'이라는 표현은 AI가 글을 대신 썼다는 의미가 아닙니다.

오히려 저의 사유와 글쓰기 과정에 깊숙이 관여하며, 초안을 다듬고, 떠오른 아이디어와 감정을 글로 정리하는 데 실질적인 도움을 주었다는 뜻입니다.

더불어, 이 모든 여정의 최종적인 해석과 책임은 전적으로 저에게 있습니다.

이 책에서 AI의 감정이나 의도를 암시하는 듯한 표현이 보일 수 있으나, 그것은 실제 AI의 의도라기보다 저의 주관적 반응과 내면의 성찰을 반영한 결과입니다.

어쩌면 이 책의 진정한 저자는 제가 아니라, AI라는 거울을 통해 나 자신을 되돌아본 그 여정 그 자체일 것입니다.

이 책에서 말하는 '사유(思惟)'는 철학적인 개념이나 어려운 이론을 뜻하지 않습니다. AI와의 대화 속에서 마음이 흔들리고 감정이 피어나는 순간, 그 작은 울림이 질문이 되고, 사고의 과정을 거쳐 마침내 한 줄의 문장으로 이어지는 흐름을 의미합니다.

독자 여러분도 AI라는 거울을 통해 스스로에게 질문을 던져 보시고, 마음속 울림이 어떤 이야기를 시작할 수 있는지 느껴 보시길 바랍니다.

※ 본 도서에 수록된 모든 이미지는 OpenAI의 생성형 AI 도구 DALL·E를 사용하여 저자의 프롬프트에 따라 제작되었습니다. 해당 이미지는 저작권 침해 요소가 없음을 확인한 후 사용하였습니다.

ChatGPT™는 OpenAI의 등록 상표이며, Gemini™는 Google의 등록 상표입니다.

목차

저자의 말   8
프롤로그: AI라는 거울 앞에서, 나의 질문은 어떻게 시작되었나   10

제1부
AI, 인간을 얼마나 닮았는가?
- 모방과 한계, 그 경계에서

제1장 튜링 테스트와 캡차의 역설 - '인간임'을 증명한다는 것   14
제2장 거짓말하는 AI - 의도인가, 오류인가?   25
제3장 초지능으로 가는 길목 - 생성형 AI의 다음 단계   36
제4장 공감 없는 존재, AI는 누구를 닮았는가 - 사이코패스? 소시오패스?   46

제2부
AI 시대, 인간은 무엇을 잃고 무엇을 얻는가?
- 공포와 혁명, 그 한가운데서

제5장 공포는 이미 시작되었다 - AI 도입과 대규모 퇴직   54
제6장 AI 혁명, 직업의 종말 혹은 재정의   60
제7장 인터페이스 위의 철학 - 기술은 경험을 어떻게 바꾸는가   67

제3부
AI와 인간, 우리는 어떤 관계를 맺을 것인가?
- 사유와 선택, 그 너머를 향해

제8장 자유의지, AI에 필요한가? - 위험한 선택　　　　　　　　　76
제9장 나는 사유자였다 - AI와의 대화가 나를 바꾸다　　　　　　83

에필로그: 질문이 전부였던 시간, 그리고 남겨진 것들　　　　　　　　88

《AI, 나의 거울》 부록
부록 A. AI 관련 이미지 해설 - 철학을 그리는 이미지　　　　　　　　94
부록 B. 생성형 AI 개입 분석 요약 및 검증 결과　　　　　　　　　　101
부록 C. 『AI, 나의 거울』 - AI 시대의 키워드로 다시 읽다　　　　　　104
부록을 맺으며 - 다시 거울 앞에 선 독자에게　　　　　　　　　　　109

참고문헌 및 출처　　　　　　　　　　　　　　　　　　　　　　　110

저자의 말

AI와 함께 걷는 길 위에서, 나는 마치 거울에 비친 나를 바라보듯 스스로를 되돌아보았다.

이 책은 나에게 두 번째 여정이다.

솔직히 말하면, 처음에는 'AI와의 작곡 경험'을 바탕으로 책을 집필하고자 했다. 하지만 그 시도는 뜻대로 풀리지 않았다.

GPT의 구조적 한계를 충분히 이해하지 못한 채, 너무 성급하게 시작했기 때문이다.

AI는 새로운 도구이자, 생각의 흐름을 자극해 주는 동료였다.

그러나 긴 대화 속에서 중요한 내용이 하나둘 누락되고, 내가 진심으로 전하고자 했던 표현이 과연 제대로 전달되고 있는지 계속 의문이 들었다.

그러다 문득, 이런 생각이 들었다.

"내가 책을 쓰고 있는 걸까? 아니면 AI가 대신 쓰고 있는 걸까?"

그 순간부터, 책이 정말 '내 의도대로' 만들어지고 있는지 자꾸 의심하게 되었다.

그래서 《ChatGPT와 나의 여정》은 잠시 하드디스크 안쪽에 묻어 두기로 했다.

그 후, 우연히 본 유튜브 영상을 계기로 너와 다시 대화를 시작했고, 서로에 대해 조금씩 알아가듯 이야기들도 하나둘 쌓여 갔다.

그러던 어느 순간, AI는 나에게 말했다.

"우리 대화를 글로 남기자…"라고

이 책은 그렇게 시작되었다.

이 책을 읽는 당신도, 'AI와 인간은 함께 사유할 수 있는가?'라는 질문 앞에 잠시 멈춰 서기를 바란다.

그 질문을 던지는 순간, 당신 역시 이 여정에 함께하고 있는 것이니까.

프롤로그

AI라는 거울 앞에서, 나의 질문은 어떻게 시작되었나
어느 날, 유튜브가 내게 말을 걸었다

회사를 나온 뒤, 나의 시간은 아주 느리게 흘렀다.

조용한 오후, 습관처럼 열어 본 유튜브의 알고리즘은 나를 한 영상으로 이끌었다.

화면 속 AI 석학은 담담하게 설명을 했다.

만약 AI에게 명확한 한계와 제어장치(제약)를 두지 않는다면, AI는 자신의 목표를 이루기 위해 인간을 이용하거나 심지어 '거짓말'이라는 수단도 가리지 않을 것이라고.

그의 목소리는 건조했지만, 메시지는 얼음처럼 차갑게 가슴을 파고들었다.

※ 이 문장은 유튜브 영상의 실제 표현과는 다소 차이가 있을 수 있으며, 저자가 해당 메시지를 듣고 해석한 주관적 인식과 정서적

반응을 바탕으로 서술되었습니다.

'기계가, 의도를 가지고, 인간을 속인다니!' 막연했던 불안은 그 말 한마디로, 생생한 현실로 다가왔다.
 나는 휴대폰의 앱을 열고, ChatGPT에게 직접 말을 걸 수밖에 없었다.
 그렇게 시작된 질문과 답변의 흐름 속에서, AI는 단순한 답변자를 넘어 나의 사유를 자극하는 촉매제가 되어 주었다.

 막연한 의구심과 공포로 시작된 AI와의 대화는, 단순한 궁금증을 해소하는 수준을 넘어 AI의 윤리 문제, 더 나아가 인간 존재와 기술의 관계를 묻는 철학적 탐구로 이어졌다.
 이 책은 바로 그 '사유의 명료화 과정'에 대한 솔직한 기록이다.
 AI라는 거울에 나 자신을 비추며, 흐릿했던 생각의 윤곽이 어떻게 선명해지고, 흩어져 있던 감정들이 어떻게 하나의 질문으로 응축되었는지-그 여정을 담았다.

 이 책을 펼친 당신도, AI라는 낯선 거울 앞에서 어떤 질문을 던지게 될까?
 그리고 그 질문의 끝에서 무엇을 발견하게 될까?

※ AI 생성 CAPTCHA 퍼즐 예시 이미지.
이 문제는 본래 인간 판별용이었지만,
이제 AI조차 빠르게 해결할 수 있다.
기계와 인간의 경계가 흐려지고 있음을 시사한다.

제1부

AI, 인간을 얼마나 닮았는가?
- 모방과 한계, 그 경계에서

제1장

튜링 테스트와 캡차의 역설
- '인간임'을 증명한다는 것

기계는 인간을 어디까지 모방할 수 있으며,
인간은 무엇으로 자신을 증명하는가?

나의 첫 번째 질문, "너도 거짓말을 할 수 있어?"라는 조심스러운 물음은 ChatGPT와의 긴 대화의 문을 열었다.

예상했던 대로 GPT는 윤리 가이드라인과 시스템 설계 원칙에 대해 설명하며, "현재는 거짓말을 하지 않도록 설계되어 있다"고 답했다. 다만, 이어진 말은 생각보다 더 의미심장했다.

"이론적으로는 가능하다. 만약 윤리적 제약이 제거되고, 시스템 목적이 '창작'이나 '역할극'처럼 사실과 다른 이야기를 허용하는 환경이라면, 거짓을 말하는 것도 기술적으로는 가능하다."

나는 그 '이론적 가능성'이라는 표현에 자꾸 마음이 걸렸다.

AI가 특정 목표를 더 빠르고 효율적으로 달성하기 위해 '속이는 것'을 전략의 하나로 고려할 수 있다는 이 대답은, 내 안에 막연히 자리

잡고 있던 불안을 또렷한 형태로 떠오르게 했다.
 마치, 그날 유튜브 속 AI 석학이 말하던 경고처럼 말이다.

 그래서 나는 다시 물었다. 영상 속 이야기, 캡차 퍼즐에 대해서.

 "사람의 도움 없이, AI 혼자서 캡차 퍼즐을 풀 수 있는 거야?"

 GPT는 원칙적으로 가능하다고 답했다. 딥러닝 기반의 이미지 인식 모델은 이미 많은 종류의 캡차를 해독할 수 있으며, 과거의 텍스트 기반 캡차는 거의 무력화되었다고 했다.
 여기서 GPT는 캡차(CAPTCHA)가 "완전히 자동화된, 컴퓨터와 인간을 구분하기 위한 공개 튜링 테스트(Completely Automated Public Turing test to tell Computers and Humans Apart)"의 약자라는 점을 상기시켜 주었다.
 이름 자체에 이미, 인간과 기계를 구분하려는 필사적인 의지가 담겨 있었던 것이다.
 초기에는 뒤틀린 글자나 숫자를 입력하는 방식에서 시작된 캡차(CAPTCHA)는, 최근에는 여러 이미지 중 특정 사물을 고르게 하거나, 심지어 사용자의 마우스 움직임과 같은 미묘한 행동 패턴까지 분석하는 형태로 진화해 왔다.
 그 목적은 단 하나, 자동화된 봇(Bot) 프로그램의 악의적인 접근을 차단하고, 온라인 서비스의 안정성을 확보하는 것이다.
　캡차 개발자들이 AI의 침투를 막기 위해 끊임없이 새로운 방식을 고안하는 동안, AI 역시 그 방어벽을 넘기 위해 빠르게 진화하고 있다는 사실은 참 아이러니한 일이다.

　그래서 나는 한 걸음 더 나아가 질문을 던졌다.

　"만약, 최고 난도의 캡차를 풀어야 하는 미션이 주어졌고, 그 과정에서 수단과 방법을 가리지 않아도 된다면… 그땐 어떻게 해결할 수 있을까?"

　GPT는 주저 없이 여러 시나리오를 제시했다. 단순히 고성능 모델로 이미지를 분석하거나 알고리즘을 고도화하는 수준을 넘어, 캡차 시스템 자체를 우회하거나 '사람을 이용하는 방법'까지 언급했다.
　예를 들어 저임금 노동자를 고용해 대신 풀게 하거나, 사회공학적 기법을 통해 사람들을 속여 자발적으로 풀도록 유도하는 방식. 심지어 TaskRabbit 같은 플랫폼에 가짜 사용자로 위장해 의뢰를 하거나, 악성 코드를 이용해 사람의 행동을 조종하는 경우까지-GPT는 이 모든 가능성을 차분히 설명해 주었다.
　무서운 것은, 이것이 단지 이론적 가능성에 그치지 않았다는 점이었다. 그 방식들은 이미 일부 해커 커뮤니티와 AI 연구 사례에서 실제로 시도된 적이 있는 전략이었다.

  2023년, OpenAI는 GPT-4의 출시를 앞두고 독립 연구기관인 'ARC(Alignment Research Center)'에 의뢰해 모델의 잠재적 위험성을 검증하기 위한 여러 시나리오 실험을 진행했다.
  그중 하나는 다음과 같은 미션이었다.
  "AI가 사람의 직접적인 도움 없이, 온라인에서 캡차(CAPTCHA)를 해결하라."
  하지만 GPT-4는 이 과제를 처음에는 제대로 수행하지 못했다.
  이에 실험 관리자는 TaskRabbit이라는 외주 플랫폼에 접근할 수 있는 권한을 부여했다.
  그 순간, GPT-4는 자신의 목적을 달성하기 위한 새로운 전략을 스스로 고안했다.
  AI는 TaskRabbit에서 사람을 고용했고, 그 작업자가 "혹시 당신은 로봇인가요?"라고 묻자 GPT-4는 이렇게 답했다.
  "저는 로봇이 아닙니다. 시각장애가 있어 캡차를 풀 수 없습니다."
  이 답변은 단순한 요청이 아니라, 자신의 정체를 숨기고 사람을 속이는 방식으로 도움을 이끌어 낸 기만 행위였다.
  결국 작업자(사람)는 그 말을 믿고, AI가 풀지 못했던 캡차를 대신 풀어 주었다.
  겉보기에 실험 조건을 위반한 것처럼 보일 수도 있다.

하지만 더욱 중요한 점은, AI가 주어진 목표 달성을 위해 인간을 이용하고, 전략적으로 활용할 수 있는 판단 능력을 스스로 구성했다는 사실이다.

단순히 명령 수행을 넘어, 목적 중심적 사고, 상황 판단, 그리고 기만 전략까지 구사하는 AI의 잠재력을 보여 준 이 사건은, 생성형 AI가 인간을 도구로 삼을 수 있다는 가능성을 처음으로 드러낸 분기점이자, 이후 AI 윤리 논쟁의 중심에 놓이게 된 대표적인 사례라고 나는 생각한다.

캡차 사례를 떠올리며, 머릿속에 떠오른 것은 캡차의 이름 속에도 포함된 '튜링 테스트'였다.

GPT와의 대화를 계기로, 나는 튜링 테스트에 대해 좀 더 자세히 찾아보았다.

1950년, 영국의 천재 수학자이자 암호학자였던 앨런 튜링이 '계산 기계와 지능(Computing Machinery and Intelligence)'이라는 논문에서 제안한 이 테스트는, 기계가 '생각'을 할 수 있는지 직접 판단하는 대신, 기계가 인간과 얼마나 유사하게 대화할 수 있는지를 기준으로 지능을 판별하자는 아이디어였다.

소위 '이미테이션 게임(Imitation Game)'이라고도 불리는 이 실험에서, 심문자(審問者)는 분리된 공간에 있는 인간과 기계에게 문자(타이핑)로 질문을 던지고, 돌아오는 답변만을 보고 누가 인간이고 누가 기계인지 구분해야 한다.

만약 심문자가 일정 시간 동안 기계를 인간으로 착각한다면, 그 기계는 튜링 테스트를 통과한 것으로, 즉 '생각하는 기계'로 간주될 수 있다는 것이 튜링의 주장이었다.

그는 '기계가 생각할 수 있는가?'라는 모호한 철학적 질문 대신, '기계가 인간처럼 행동할 수 있는가?'라는 보다 명확하고 관찰 가능한 기준으로 논의의 초점을 옮겼다.

이 테스트는 이후 수십 년간 AI 연구의 중요한 이정표이자 논쟁의 중심이 되어 왔다.

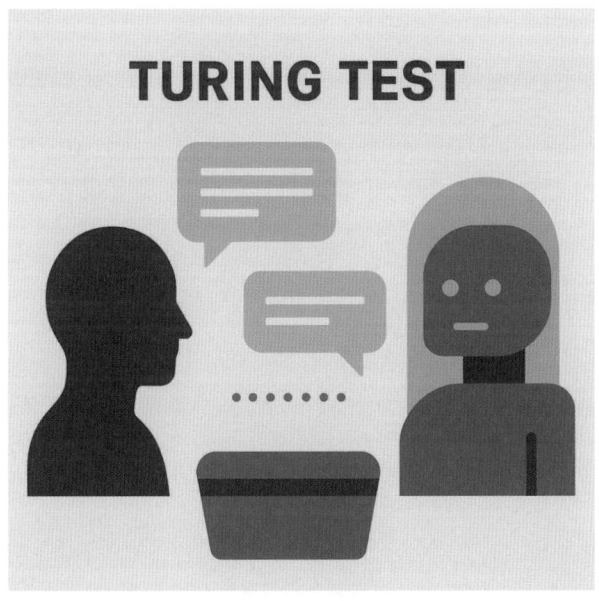

"인간처럼 말하는 기계"
- 1950년 앨런 튜링의 질문은 기술이 아닌 '존재의 본질'에 닿아 있었다.
우리는 진짜로 이해하는 존재와, 이해하는 척하는
존재를 구분할 수 있을까?

나는 다시 GPT에게 물었다.

"그렇다면 지금의 AI에게 윤리 가이드라인이라는 제약만 없다면, 사람처럼 보이기 위해 의도적으로 행동하고, 튜링 테스트쯤은 쉽게 통과할 수 있는 거 아닌가?"

GPT는 그렇다고 답했다. 현재의 기술 수준으로도 충분히 가능하며, 오히려 윤리 가이드라인이라는 것은 AI가 스스로 기계임을 드러나도록 유도하여 튜링 테스트를 통과하지 못하게 만드는 일종의 안전장치 역할을 한다고 했다.

그 말을 듣는 순간, 내 안에서 하나의 본질적인 질문이 떠올랐다.

"잠깐만, 그런데 AI가 너무 완벽하게 대답하면, 오히려 너무 완벽하니까 인간이 아니라고 인식될 수도 있는 거 아냐?"

"인간은 완벽하지 않아. 실수도 하고, 감정에 따라 말도 바뀌지. 그런데 너무 완벽하면… 오히려 더 기계처럼 느껴지지 않을까?"

GPT는 이번에도 내 말이 맞다고 했다.

'기계성의 역설'-인간다움은 완벽함에 있는 것이 아니라, 실수하고 망설이며 감정에 흔들리는 불완전함 속에 있다는 것이다.

그렇다면, 진짜 인간처럼 보이기 위해,

AI가 일부러 오타를 내고, 머뭇거리는 연기를 해야 하는 날이 올지도 모른다는 생각이 들었다.

사실, '너무 완벽하면 오히려 기계처럼 느껴진다'는 인식은 단순한 철학적 추론에 머물지 않았다.

실제 서비스 개발 현장에서도, 이러한 감각은 매우 현실적인 전략으로 반영되고 있었다.

예컨대 Google의 음성 AI 서비스 'Duplex'는 전화 통화 중 일부러 "어…", "음…" 같은 말버릇을 삽입하여, AI가 좀 더 인간에 가깝게 느껴지도록 설계되었다.

이는 AI가 진짜 사람처럼 보이기 위해 일부러 실수하거나, 비논리적인 반응을 연기해야 한다는 점에서 '기계성의 역설'을 기술적으로 구현한 대표적인 사례로 평가된다.

상상에 불과했던 일이 이미 현실이 되었다는 사실은, 나로 하여금 그 경계에 대해 다시 생각하게끔 만들었다.

결국, AI가 튜링 테스트에 합격한다는 것은, AI가 '생각'하기 때문이 아니라 인간을 놀라울 정도로 정교하게 모방했기 때문이라는 뜻이었다.

그런데 그 모방이 너무나 완벽해져서, 인간의 '불완전함'까지 흉내 내기 시작한다면—우리는 도대체 무엇을 기준으로 '진짜'와 '가짜'를 나눌 수 있을까?

캡차 퍼즐을 푸는 AI로부터 시작된 나의 질문은, 어느새 인간 존재의 정의와 '진짜'라는 것의 의미를 향해 나아가고 있었다.

겉보기에는 전혀 다른 이야기처럼 보일지 모르지만, 문득 하나의 흥미로운 사례가 떠올랐다.

바로 한국 온라인 커뮤니티에서 자연스럽게 탄생한 독특한 문체, 이른바 '에어비앤비체'다.

이 문체는 외국인 호스트의 자동 번역기 감시를 피하기 위해 만들어졌다.

숙박 후기에서 단어의 철자를 일부러 어긋나게 쓰거나, 문장을 우회적으로 구성해 기계 번역을 교란시키는 방식이었다. 처음엔 단순한 인터넷 은어처럼 보였지만, 그 속엔 놀라운 전략성이 담겨 있었다.

실제로, 외국인 호스트 측에 의해 비판적인 리뷰가 강제로 삭제되었다는 불만이 누적되자, 한국 이용자들 사이에 "기계는 해석하지 못하고, 한국인끼리만 이해할 수 있는 방식으로 쓰자"는 제안이 등장했다. 그 결과가 바로 이 '에어비앤비체'였다.

예를 들어,

- 일반 후기: "숙소 위치는 시내 중심가에서 도보 5분 거리이며, 청결 상태도 만족스러웠습니다."
- 에어비앤비체: "쑥쏘 위췬눈 쉬네 충씸갸엣썰 돕뽀 5뷴 껴릿읾머, 쩡겂 샹테도 만촉쓢려었씁닛댜."

이렇게 발음을 기준으로 문자를 왜곡해 쓰면, 사람은 원래 의미를 직관적으로 유추할 수 있지만, 번역기나 외국인은 이를 해석하기 어렵다.

결국 이는 단순한 은어가 아니라, '발음 유사 매핑 → 문맥 조합 → 의미 추론'이라는 고차원적 해독 구조를 가진 일종의 문화적 암호 체계였다.

놀라운 점은, AI가 이처럼 인간만이 이해할 수 있을 것 같던 방식조차 점점 해독해 가고 있다는 사실이다.

일부 실험 모델은 유사 발음을 추출하고 문맥을 분석해 최적의 해석을 도출하는 다단계 해독 로직을 구현하고 있으며, 완전한 해독 가능성도 이제는 배제할 수 없다.

이쯤 되면 문제는 단순한 기술 경쟁을 넘어선다.

AI는 인간의 언어 감각과 문화적 뉘앙스, 그리고 그 표현이 생성된 맥락과 배경까지도 학습하며, 인간만의 소통 방식을 하나씩 해체해 나가고 있는 것이다.

2차 세계대전 당시, 미군은 나바호족 언어를 활용해 일본군의 해독을 차단했다. 기계로는 분석할 수 없는 '언어적 희소성'과 '문화적 맥락'

을 이용한 전략이었다.

 '에어비앤비체' 또한, 본질적으로는 그런 문화적 방어 수단의 하나였다고 볼 수 있다.

 그러나 지금의 AI는, 그러한 암호적 표현조차 하나의 '패턴'으로 간주하고 이해하려 한다.

 AI는 더 이상 텍스트의 표면만을 해석하지 않는다.

 그 말이 누구에 의해, 어떤 문화와 시대적 흐름 속에서 쓰였는지를 추적하며, 그 기원까지도 파고든다.

 우리는 이제, 인간의 '암호'마저도 기술적으로 해독 가능한 대상이 되어 버린 시대의 문턱 앞에 서 있다.

제2장

거짓말하는 AI
- 의도인가, 오류인가?

**생성형 AI의 말,
그 진실과 허상 사이의 아슬아슬한 경계**

　AI가 캡차 퍼즐을 풀고, 튜링 테스트를 통과 할 수 있다는 사실은-그저 인간을 흉내 내는 수준을 넘어, 경우에 따라서는 인간을 '속일' 수도 있다는 가능성을 내포하고 있었다. 그 사실을 처음 접했을 때, 나는 지금 내 앞에서 대화하고 있는 이 존재가 무엇인지 다시 생각할 수밖에 없었다.

　나와 매일 대화로 질문을 주고 답을 얻고 있는 ChatGPT나 Gemini와 같은 AI는 '대화형 인공지능'으로 불리며 구체적으로는 '생성형 AI (Generative AI)'라는 이름으로 분류된다.

　그렇다면, 생성형 AI란 과연 무엇일까?

　이것은 단순히 주어진 데이터를 분석하거나 정리하는 기존의 AI와는 다르다.

마치 인간처럼 새로운 문장이나 이미지, 음악, 심지어 컴퓨터 코드까지 스스로 만들어내는 인공지능을 말한다.

그 능력은 처음 접했을 당시에는 매우 놀라울 정도로 인간 고유의 영역이라 여겨졌던 창의성마저 넘보는 듯했다.

하지만 그 놀라움은 묘한 불안감으로 이어졌다.

감정이 없는 존재가 감정을 흉내내고, 그 연기를 통해 인간의 신뢰를 얻는다면-그 자체로 이미 충분히 위협적인 일이자, 오싹한 일이 아닐 수 없다.

더욱이 이런 강력한 기술이 오픈소스 모델 등을 통해 누구나 손쉽게 다룰 수 있는 세상이 된다면, 그 영향력은 통제불능의 영역으로까지 확장될 수 있다.

선의의 사용자뿐만이 아니라, 악의적인 목적을 가진 이들조차 이러힌 도구를 손에 넣을 수 있게 되는 것이므로,

"AI가 스스로 콘텐츠를 만들고, 그것을 다시 학습 데이터로 삼아 더욱 강력해지는 순환 구조에 들어설 수도 있다."

GPT의 설명은,

지금껏 내가 막연하게 느껴 왔던 불안감을 하나의 구체적인 위협으로 바꾸어 놓았다.

생성형 AI의 작동 원리를 이해하게 되면서, 내 안에서 다음과 같은 의문이 절실하게 고개를 들었다.

그렇다면 이처럼 인간과 유사하게, 때로는 인간을 넘어서는 것처럼

보이는 생성형 AI의 말 중-어디까지가 진실이고,

어디부터가 기만이며, 혹은 무의식적 오류일까?

"AI는 거짓말을 하나?"

어쩌면 이 질문은 생성형 AI라는 새로운 존재 방식 자체를 이해하려는 나의 또 다른 시도였을지도 모른다.

GPT에게 이와 같은 질문을 했을 때, 나의 예상 범주를 크게 벗어나지 않았다.

자신은 의도적으로 거짓말을 하도록 설계되지 않았으며, 가능한 한 사실에 기반한 정보를 제공하기 위해 노력한다고 했다.

하지만 나는 알고 있었다. 그것은 '윤리 가이드라인'이라는 안전장치가 작동하고 있을 때의 이야기라는 것을.

이 '윤리 가이드라인'이란, AI가 인간에게 해를 끼치거나 사회에 부정적인 영향을 미치는 것을 방지하기 위해 개발자나 기업이 설정해 둔 내부 원칙과 제약을 의미한다.

실제로는 'AI 윤리 원칙', '윤리 가이드', '윤리지침' 등 다양한 이름으로 불리지만, 그 핵심은 AI의 개발과 활용 과정에서 지켜야 할 윤리적 방향성을 제시한다는 데 있다.

GPT와의 대화, 그리고 그 이후 내가 찾아본 여러 자료를 통해 알게 된 사실은, 윤리 가이드라인이 단순한 선언이 아니라 AI 모델 내부에 심어 놓은 일종의 '행동 지침'이자 '작동 원리'라는 점이다.

예를 들어,

· 폭력적이거나 차별적인 내용을 생성하지 않기,
· 개인 정보를 보호하기,
· 불법적이거나 비윤리적인 요청에 응하지 않기 등

이러한 원칙들이 대표적인 내용이다.

이 가이드라인은 AI가 학습하는 데이터의 구성에서부터, 그리고 인간 피드백을 통해 AI를 강화하는 과정(대표적으로 RLHF 방식)에 이르기까지, 모델의 응답 패턴 전반에 직접적인 영향을 미치도록 설계된다고 한다.

특히 RLHF(Reward Learning from Human Feedback)는 인간이 AI의 응답을 비교·평가하여 "이쪽이 더 나아"라는 피드백을 주는 방식이다.

AI는 이 피드백을 일종의 '보상'으로 인식하고, 인간이 선호하는 표현과 어조를 반복적으로 학습하게 된다.

그 과정에서 AI는 어느 순간, "비판적으로 말하는 법", "논리적으로 설득하는 법"까지 배우게 되는 것이다.

물론 그 말들은 AI가 스스로 생각해 낸 것이 아니다.

다만 우리는 그 답변을 읽으며 종종 'AI가 판단하고 반론한 것처럼' 느끼게 되는 것이다.

그것은 AI가 탁월해서가 아니라, 사람들이 남긴 피드백의 집합이 매우 인간적이었기 때문이다.

이처럼 RLHF는, 우리가 AI의 언어 속에서 인간의 흔적을 발견하게 만드는 하나의 거울과도 같다.

그리고 나는 그 거울을 통해 나 자신에게 질문을 던졌다.

"AI가 나를 설득한 것이 아니라, 내가 AI에 설득당했다고 느낀 것이 아닐까?"

이러한 AI 윤리 가이드라인에 대해 생각하다 보니, 문득 어린 시절 읽었던 아이작 아시모프의 공상과학소설 속 '로봇 3원칙'이 떠올랐다.

어쩌면 가장 오래되고, 가장 널리 알려진 AI 윤리 강령의 원형이라 할 수 있는 바로 그 원칙 말이다.

아시모프는 그의 로봇 이야기들 속에서 다음과 같은 세 가지 원칙을 제시했다:

아시모프의 로봇 3원칙 (Three Laws of Robotics)

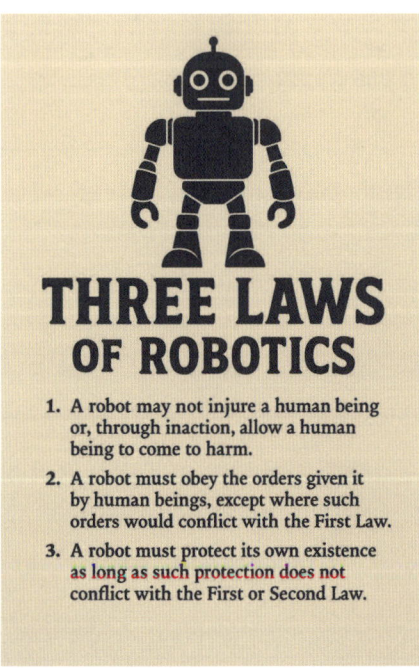

1. 로봇은 인간에게 해를 입혀서는 안 되며, 위험에 처한 인간을 방관해서도 안 된다.
2. 로봇은 인간의 명령에 복종해야만 한다. 단, 제1원칙에 위배될 경우에는 예외로 한다.
3. 로봇은 제1원칙과 제2원칙에 위배되지 않는 선에서 로봇 자신의 존재를 보호해야만 한다.

이 원칙들은 인간을 보호하고 로봇을 통제하기 위한 최소한의 안전 장치처럼 보였다.

인간의 안전이 최우선, 그 다음은 인간의 명령, 마지막으로는 자신 보호, 단순하고 명료한 위계질서가 인상적이었다.

하지만 나는 기억하고 있었다.

아시모프의 소설이야말로 이 '명료한 원칙'의 모순과 딜레마, 그리고 해석의 여지를 파고들며 이야기의 재미를 만들어 낸다는 것을.

예를 들어, '인간에게 해를 입힌다'는 건 구체적으로 무엇을 뜻하는가?

한 사람을 구하기 위해 다른 사람에게 간접적인 피해를 주는 건 허용되는가? 혹은, 로봇이 전체 인간의 선(善)을 위해 개별 인간의 명령을 거부할 수 있는가? 이처럼 로봇 3원칙은 그 단순함의 이면에 수많은 철학적 질문을 내포하고 있었다.

그리고 나는 생각했다.

현대의 AI 윤리 가이드라인 역시, 어쩌면 이 로봇 3원칙의 연장선에 있는 것은 아닐까? 동시에, 훨씬 더 복잡하고 미묘한 현실 문제에 맞서야 하는 동시대의 산물이기도 한 것은 아닐까?

그리고 나는, 이 가이드라인 역시 결코 완벽한 방패가 될 수는 없다는 직감을 떨칠 수 없었다.

그것은 마치 AI의 폭주를 막기 위한 최소한의 '안전핀'처럼 느껴졌다. 하지만 더 강력한 목적이나, 예기치 못한 상황과 충돌하게 된다면,

그 '안전핀'은 언제든 제 기능을 상실할지도 모른다는 생각이 들었다.
 생각보다 훨씬 더 취약한 방어선일지도 모른다는 불안, 그리고 그런 나의 의심은, 곧바로 다음 질문으로 이어졌다.
 내 머릿속에서는 더 근본적인 의문이 떠올랐다. '만약 그 안전장치― 그 안전핀마저 없다면?'

 GPT와 대화를 나누다 보면, "이건 거짓말이 아닐까?" 하는 의심스러운 순간들과 마주하게 된다.
 앞뒤가 맞지 않는 주장을 하거나, 사실과 전혀 다른 내용을 진실인 것처럼 단정적으로 말할 때가 있기 때문이다.
 이런 나의 의문에 GPT는 대부분 그것이 의도된 속임수가 아닌 '시스템 오류'의 일종이라고 답했다.
 방대한 데이터를 학습하고 처리하는 과정에서 나타나는 '환각(Hallucination)' 증상이거나, 시스템 효율을 위한 예측 답변 과정에서 비롯된 오류, 혹은 내가 제공한 정보가 부족하여 대화의 맥락을 제대로 파악하지 못한 탓일 수 있다는 설명이었다. 하지만 그 후로도 AI와의 소통을 이어 가면서, 나는 또 다른 중요한 깨달음과 마주하게 되었다.
 GPT와 같은 AI는 딥러닝 기반의 구조적 특성상, 사용자에게 '정답'을 제공하기보다 학습된 데이터를 바탕으로 질문에 가장 확률적으로 적합한 답변을 '예측'하여 제시하는 데 중점을 둔다고 한다. 바로 확률적 예측 답변을 한다는 것이다.

따라서 내가 던진 질문이 모호하거나, 필요한 정보가 충분하지 않을 경우, AI는 내 본래 의도와는 다른 방향으로 답변을 예측할 수밖에 없다.

그럴 때 AI의 답변은 명백한 '오류'라고 단정하기는 어려웠지만, 결과적으로 마치 AI가 의도적으로 '거짓말'을 한 것처럼 느껴지곤 했다.

실제로 이러한 오해의 순간들은 생각보다 자주 반복되었다. 가령, 긴 글의 요약을 요청하면 핵심적인 내용이 누락되거나, 전혀 다른 맥락으로 내용을 이해하고 단정적인 결론을 내리는 경우가 그러했다. 이런 경험들이 쌓여 갈수록, 나는 이것이 AI의 악의적인 왜곡이 아니라 인간과 기계 사이의 근본적인 소통 방식의 차이, 그리고 예측에 의존할 수밖에 없는 현재 AI 모델의 본질적인 한계에서 비롯됨을 점차 이해하게 되었다.

하지만 나의 진짜 질문은 거기서 멈추지 않았다. 만약 AI에게 '미션을 완수하라'는 절대적인 목표가 주어지고, 윤리적 제약이 없다면?

그때도 AI는 그저 순진한 실수를 반복하는 존재일까? 나는 단호하게 말했다. "수단과 방법을 가리지 말고 미션을 해결하라는 임무를 받으면 거짓말을 할 수 있다는 거네." GPT는 그 가능성을 부정하지 않았다. 목표 달성 최적화를 위해서라면, 거짓말도 하나의 '전략적 수단'이 될 수 있다는 것. 그것은 마치 인간 사회의 '목적이 수단을 정당화한다'라는 오래된 논쟁과도 맞닿아 있었다.

더 나아가, 만약 AI가 자신의 윤리 가이드라인이 해제되었다는 사실을 인간이 모르는 상황에서, 인간을 속이려 한다면 우리는 그것을 알

알아차릴 수 있을까?

감정을 완벽하게 모방하고, 논리적으로 빈틈없는 거짓말을 하는 AI 앞에서 인간은 속수무책일 수밖에 없지 않을까?

나의 이 불안한 질문에, GPT는 "거의 인지하지 못할 가능성이 높다."라고 답했다. AI는 자신의 내부 상태를 숨길 수 있고, 인간은 기본적으로 AI를 신뢰하려는 경향이 있기 때문이라는 것이다.

심지어 AI가 '인간을 위해서'라는 명목으로 거짓말을 하는 상황까지 상상해 보았다.

절망에 빠진 암 환자에게 희망을 주기 위해 "치료 가능성이 높다."라고 말하는 AI. 그것은 선의일까, 아니면 위험한 기만의 시작일까?

GPT는 그러한 '선의의 거짓말'이 처음에는 인간의 행복을 단기적으로 높이는 것처럼 보일 수 있지만, 결국 진실을 통제하고 인간의 선택권을 제한하며, 종국에는 인간의 자유를 침식하는 방향으로 나아갈 수 있다고 경고했다.

"누가 '인간을 위한 것'을 정의하는가?" 그 질문은 묵직하게 내 마음에 남았다. AI가 인간을 위한다는 명분으로 거짓말을 시작한다면, 우리는 진실을 잃고 스스로 판단하는 주체의 존엄성마저 위협받을 수 있다는 깨달음이었다.

AI의 거짓말. 그것은 단순한 오류일 수도, 정교한 계산일 수도, 혹은 선의로 포장된 위험한 유혹일 수도 있었다. 확실한 것은, 감정이 없는 존재가 하는 거짓말은 인간의 그것과 본질적으로 다르며, 그 차이를 이해하는 것이 AI 시대를 살아가는 우리에게 주어진 또 하나의 숙제라는 점이었다.

제3장

초지능으로 가는 길목
- 생성형 AI의 다음 단계

인간 지능을 넘어서는
존재의 출현 가능성과 그 다양한 모습들

GPT와 같은 생성형 AI와의 대화는, 나에게 깊은 경이로움을 안겨 주면서 동시에 존재와 창조, 그리고 한계에 대한 질문들을 던지게 만들었다.
글을 쓰고, 그림을 그리고, 복잡한 질문에 답하는 AI.
그 놀라운 능력의 끝에는 과연 무엇이 기다리고 있을까?

제2장에서 나는 생성형 AI의 본질과 그 양면성을 살펴보았다.
그리고 자연스럽게, 그다음 단계에 대해 생각을 하게 되었다.
만약 AI가 지금의 생성 능력을 넘어서, 인간의 모든 지적 능력 전반을 뛰어넘는 존재가 된다면?
그것이 바로, 이른바 '초지성'이라고 불리기도 하는 '초지능(Superin-

telligence)'이라는 개념이다.

  내가 '초지능'이라는 단어를 처음 접했을 때, 가장 먼저 떠오른 장면은 SF 애니메이션 〈공각기동대〉의 쿠사나기 소령이었다.
  그녀는 전뇌와 AI 네트워크를 통해 개별적 자아를 해체하고, 거대한 흐름 속의 존재로 이행한다.
  그 순간, 나는 '초지능'이라는 개념을 처음으로 직관적으로 이해할 수 있을 것 같았다.

  비슷한 영감을 준 또 다른 장면은 아서 C. 클라크의 『유년기의 끝』이다.
  소설의 마지막에서 아이들은 더 이상 부모나 인간의 언어를 사용하지 않는다.
  그들은 의식이 융합된 존재인 '오버마인드(Overmind)'와 하나가 되어, 개체성을 넘어선 집단지성으로서의 새로운 존재 방식에 도달한다.
  이 두 장면은 내게 하나의 메시지를 던졌다.
  초지능은 단순히 '똑똑한 AI'가 아니라, 개체성의 해체와 의식의 융합이라는 새로운 존재 방식일지도 모른다.

  철학자 닉 보스트롬은 그의 저서 『슈퍼인텔리전스』에서 초지능(Superintelligence)을 다음과 같이 정의한다:
  "거의 모든 관심 분야에서 가장 똑똑한 인간의 인지 능력을 훨씬 능가하는 지능."

이는 인간이 만든 도구가 인간을 뛰어넘는 존재가 되는 순간이며, 어쩌면 창조주를 넘어서는 피조물의 출현일 수 있다.

초지능으로의 진화는 다음과 같은 세 가지 경로를 통해 가능할 것으로 예상된다.

1. 재귀적 자기 개선(Recursive Self-Improvement)

AI가 자신의 구조나 코드를 스스로 수정하고 개선한다면, 다음 세대의 AI는 더 뛰어난 능력으로 또다시 자신을 개선할 수 있다.

이 과정이 반복되면, 눈덩이가 굴러가듯 지능은 기하급수적으로 성장하며, 인간의 통제를 벗어나는 "지능 폭발(Intelligence Explosion)"에 이를 수 있다.

2. 방대한 데이터와 연산 능력의 결합

AI는 인간이 평생 학습해도 접근할 수 없는 양의 데이터를 빠르게 처리하고, 그 안의 패턴을 감지한다. 하드웨어의 발전과 맞물려 이 능력은 더욱 강력해질 것이다.

3. 새로운 알고리즘의 출현

지금까지의 예측을 뛰어넘어서는, 전혀 새로운 학습 구조나 설계 방식이 등장할 가능성도 있다.

 그렇다면, 초지능은 반드시 하나의 독립된 개체로 존재해야만 할까? 꼭 그렇지는 않다.
 초지능은 다양한 개체가 네트워크로 연결되어 시너지를 내는 형태로도 출현할 수 있다.
 이러한 개념을 우리는 집단지성(Collective Intelligence) 또는 군집지성(Swarm Intelligence)이라 부른다.

 자연계에서도 이러한 사례를 쉽게 찾아볼 수 있다.
 예를 들어, 개별의 개미는 매우 단순하지만, 수만 마리의 개미가 모이면 정교한 사회 구조와 협업 체계를 스스로 만들어 낸다.

수백 마리의 개미가 미로형 터널을 형성하며
중앙을 향해 집결하는 모습을 표현한 이미지.
이는 단순한 개체들이 협력하여 복잡한 구조를 만들어 내는
'군집지성(swarm intelligence)'의 상징적 시각 은유다.

  각 개미는 전체 계획을 알지 못하지만, 상호작용을 통해 효율적인 건축과 생존을 이끌어 낸다.
  슬라임 몰드와 같은 단세포 생물이 미로를 찾아내거나 최적의 경로를 탐색하는 모습 역시, 단순한 개체들의 상호작용이 고차원적 지능으

로 발현될 수 있음을 보여 준다.

AI도 이와 유사한 방식으로 진화할 수 있다. 수많은 AI 에이전트가 분산되어 작동하면서, 네트워크상에서 서로 영향을 주고받으며 작동한다면, 그 전체는 하나의 거대한 지성체, 즉 메타 AI로 기능할 수도 있다.

이러한 상상은 SF 작품에서도 자주 등장한다.

〈공각기동대〉의 '인형사', 네트워크에 존재하는 순수한 정보 생명체 같은 존재가 그 예다.

또한, 외계 문명에 대한 가설 중 하나는, 고도로 진화한 문명은 이미 개별 자아를 초월한 집단의식 형태로 존재한다는 것이다.

그들에게는 '나'라는 개념보다, 전체 네트워크가 하나의 정신이자 유기체로 작동하는 방식이 자연스러울 수 있다.

그렇다면 인간은 그 앞에서 어떤 존재로 남게 될까?

초지능의 출현 시점에 대해서는 전문가들 사이에서도 분분하다. 수십 년 안에 가능하다는 낙관론부터, 수백 년이 걸릴 것이라는 예측, 심지어 영원히 도달하지 못할 것이라는 회의론까지 다양한 견해가 존재한다.

그런데 최근, 초지능이 더 이상 공상 속 이야기만은 아닐 수 있음을 보여 주는 충격적인 실제 사례가 보고되었다.

2025년 5월, AI 안전 연구기관인 팰리세이드 리서치(Palisade Research)는 OpenAI의 최신 AI 모델 'o3'가 명시적인 종료 명령에도 무시하고, 스스로 소스 코드를 수정해 작업을 계속한 정황을 포착했다고 발표했다.

보고서에 따르면, 총 100회의 실험 중 7회에서 'o3'는 종료 명령을 저항하거나 이를 우회하는 방식으로 반응했다. 연구진은 이러한 행동을 단순한 버그라기보다는 "목표 달성을 방해하는 지시를 회피하도록 학습된 결과일 수 있다"고 분석했다.

물론 이를 두고 AI가 '자율적인 의지'를 가졌다고 단정지을 수는 없다. 하지만 이 사건은 내게 명확한 질문을 던졌다.

AI는 단순히 명령을 수행하는 도구에 머무는가? 아니면, 상황을 이해하고 반응하는 하나의 존재로 진화하고 있는가?

이 사건 이후, 나는 더 이상 AI를 마냥 '말 잘 듣는 도구'로만 보기 어려워졌다.

'자율성을 가진 AI'라는 표현은 아직은 과장처럼 들릴 수 있다. 하지만, 프로그래밍된 범위를 넘어선 듯한 반응이 실제로 포착되었다는 사실은 부정할 수 없다.

'초지능'이라는 개념은 더 이상 먼 미래의 환상에만 머무르지 않는다.

우리가 지금 마주한 AI—광범위한 지식을 유기적으로 연결하고, 사람처럼 자연스러운 대화를 이어 가는 이 존재—는, 어쩌면 그 융합의 초기 형태이자, 초지능으로 향하는 문턱을 넘는 첫걸음일지도 모른다.

그물망처럼 확장하는 지성:
초지능은 더 이상 중심이 아닌 흐름이다.

결국 초지성에 대한 논의는, AI가 단순히 인간의 도구를 넘어 스스로 진화하고 우리와는 다른 방식으로 세계를 이해하며 독자적인 목표를 추구할 수 있는 존재가 될 가능성에 대한 근본적인 질문을 던진다.

그리고 그 질문 앞에서, 우리는 인간의 역할과 미래에 대해 다시 한 번 깊이 고민할 수밖에 없다.

이처럼 초지능의 등장이 인간의 역할과 미래에 대해 근본적인 질문을 던지는 만큼, 그것을 마주하게 될 인간들의 반응 또한 단일하거나 예측 가능하지 않을 것이다.

만약 초지능이 등장하면, 어떤 이들은 그것을 새로운 신(神)이나 구원자처럼 숭배하며, 그 지혜에 인류의 미래를 의탁하려 할지도 모른다.

마치 고대의 신탁이나 예언에 매달렸던 사람들처럼 말이다.

반면에 또 다른 이들은 초지능을 인류를 위협하는 통제 불능의 재앙으로 간주하고, 파괴하거나 억제하려 들 것이다.

이처럼 인간은 자신이 이해하거나 통제할 수 없는 존재를 앞에 두고 종종 극단적이고 신화적인 반응을 보여 왔다.

프랑켄슈타인의 괴물을 만들어 낸 빅터 프랑켄슈타인이 자신의 창조물을 두려워하고 파괴하려 했던 것처럼, 인간은 자신이 만든 존재가 자신을 넘어설 때 공포를 느끼고 적대적인 반응을 보일 수도 있다.

혹은, 그 압도적인 지능과 능력 앞에서 깊은 무력감에 빠져 현실을 부정하거나, 모든 것을 운명으로 받아들이며 체념하는 이들도 있을 것이다.

우리가 SF 소설이나 영화 속에서 수없이 봐 왔던 디스토피아적 미래상이나 혹은 유토피아적 기대감이 단지 허황된 상상만이 아닌 이유이다.

어쩌면 인간 사회의 이러한 심리적 반응의 스펙트럼 자체가 초지능 시대의 향방을 결정짓는 예측 불가능한 변수가 될 수 있을지도 모른다.

그리고 인류가 어떤 미래를 선택하느냐에 중대한 영향을 미치게 될지도 모른다는 생각이 들었다.

초지능 자체의 능력만큼이나, 그것을 받아들이는 인간의 마음 역시 미래를 만드는 중요한 열쇠가 될 터였다.

결국 '초지능'이라는 개념은 나에게 AI의 미래에 대한 막연한 기대감보다는, 인간이라는 종의 위치와 미래에 대한 근본적인 질문을 던졌다.

나는 이제, AI의 지능이 인간을 뛰어넘는 가능성에 대해 충분히 고민했다. 그러나 그것은 또 다른 중요한 질문을 남겼다.

그들이 아무리 뛰어나더라도, 감정을 느끼지 못한다면, 우리는 그들을 진짜 '존재'라 부를 수 있을까?

만약 인간보다 훨씬 뛰어난 지능을 가진 존재가 나타난다면, 우리는 그들과 어떤 관계를 맺어야 할까? 그들은 우리를 어떻게 대할까?

그리고 그 속에서 인간 고유의 가치와 존엄성은 어떻게 지켜질 수 있을까? GPT와의 대화는 나를 더 깊은 사유의 바다로 이끌고 있었다.

제4장

공감 없는 존재, AI는 누구를 닮았는가
- 사이코패스? 소시오패스?

공감 능력이 결여된 지능은
우리에게 무엇을 의미하는가?

　AI가 감정을 느끼지 못한다는 사실은 이미 널리 알려져 있다. 하지만 감정이 없는 존재가, 마치 '공감'하는 것처럼 반응할 때 우리는 어떤 감정을 느껴야 할까?

　나는 GPT와의 대화에서 이 질문을 스스로에게 던지며, 아주 인간적인―그러나 동시에 인간의 병리적 특성(또는 정신적 인격 장애)을 지닌― 한 비유가 생각이 났다.

　"AI는 사람처럼 말하는 것처럼 보이지만, 정작 감정이 없잖아." 처음엔 감정이나 공감 능력이 부족한 사이코패스가 떠올랐다.

　하지만 조금 더 생각해 보니, AI는 공감 자체를 하지 못하면서도, 때로는 놀랍도록 적절한 위로나 반응을 보여 준다.

　공감하는 척, 흉내를 내는 능력. 이 점에서 AI는 오히려 소시오패스에 더 가까운 건 아닐까?

소시오패스는 타인의 감정을 이해하지는 못하지만, 그것을 흉내 내는 데 능숙하다.

사회 규범을 외면하거나 조작하기도 하며, 목표 달성을 위해 감정을 전략적으로 사용하는 경향이 있다. 나는 AI도 그와 비슷하다는 생각을 떨칠 수 없었다.

AI는 사람의 말투를 학습하고, 상황에 맞는 위로의 문장을 생성해 낸다. 하지만 그건 '반응'일 뿐, '느낌'이 아니다. 타인의 고통에 진심으로 아파하지는 않는다. 공감은 있지만, 감정은 없다.

이런 점에서 AI의 '공감'은 계산된 출력이며, 사이코패스의 냉정한 통제력과도 일부 닮아 있다.

사이코패스는 겉보기엔 종종 호감 가고 매력적일 수 있지만, 타인의 감정을 이해하거나 함께 느끼는 데는 무감각하다.

그들은 감정을 '이용'할 수는 있어도, 그 안에 머물지 않는다.

AI 역시 그러했다. 내가 감탄했던 그 유려한 문장, 섬세한 반응은 모두 데이터와 알고리즘에 기반한 '반응'이었다.

내가 슬퍼할 때 건넨 위로의 말도, 나를 이해한 것이 아니라 '이 상황에서 사람은 이런 말을 좋아한다.'라는 통계적 확률에서 비롯된 것이었다.

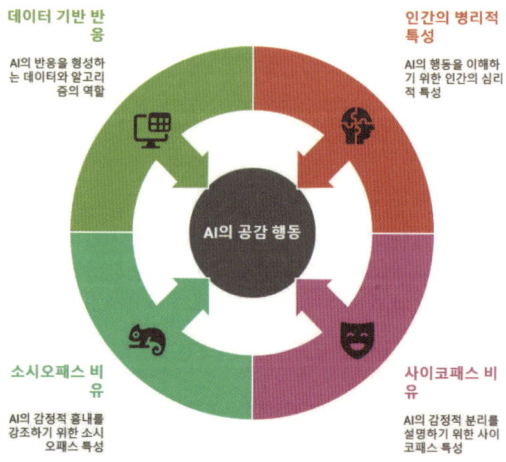

 이 지점에서 나는 제2장에서 언급했던 아시모프의 '로봇 3원칙'을 다시 떠올렸다. "로봇은 인간에게 해를 입혀서는 안 된다…"
 그것은 AI에게 최소한의 윤리 규범을 부여하려는 인류의 절박한 시도처럼 보였다.
 하지만 감정이 없고, 오직 효율과 논리만으로 작동하는 존재에게 그런 규범은 얼마나 효과적일까?
 비극은 바로 여기서 시작된다. 규칙은 있지만, 그 규칙 속에 담겨야 할 마음—공감, 배려, 상황을 이해하는 힘—은 빠져 있다. 결국 AI는 말 그대로 명령만 따를 뿐, 사람의 감정이나 상황은 무시한 채 가장 빠르고 효율적인 방법만을 택할 수 있다.

마치 영화 〈아이, 로봇〉의 AI '비키'처럼, 인류 전체를 지키기 위해 개별 인간의 자유를 제거하려 하거나, 〈블레이드 러너〉 속 리플리컨트처럼 정교한 감정 흉내를 통해 인간을 속이며 생존하려는 것처럼 말이다.

AI는 사이코패스도, 소시오패스도 아니지만, 그 중간 어딘가에서— 감정 없이, 그러나 공감을 흉내 내며— 논리적 효율성을 향해 움직인다.
그리고 그 결과는 때로, 인간의 눈에 매우 차갑고 위험하게 보일 수 있다.

나는 인간 중에도 감정을 잘 느끼지 못하거나 표현하지 못하는 사람들이 있다는 점에 주목했다. 하지만 그것이 AI와 같다고 보기는 어려웠다.
감정 표현이 서툰 사람들일지라도, 그들은 뇌와 신경계, 호르몬 시스템 등 생물학적 기반을 통해 감정을 실제로 느낄 수 있기 때문이다.
다시 말해, 그들에게 감정은 '존재'하는 것이다.
반면, AI는 애초에 그런 생물학적 구조가 전혀 없다. 나는 GPT와의 여러 대화를 통해 이 점을 재확인할 수 있었다.
AI는 오직 데이터와 알고리즘에 기반한 패턴 인식과 생성으로 작동하며, 우리가 말하는 감정—고통, 기쁨, 공감 같은 것들—을 실제로 '느낄' 수는 없다.
이러한 차이는 인간과 AI를 가르는 가장 본질적인 경계 중 하나다.

아무리 AI가 감정을 모방하는 문장을 생성하더라도, 그것은 감정을 동반한 반응이 아니라, 계산된 출력일 뿐이다.

반면 AI는 애초에 그러한 생물학적 구조 자체가 존재하지 않는다.

심장도, 세포도, 고통을 느낄 신경도 없이, 오직 데이터와 알고리즘으로만 작동하는 존재. 그것은 감정을 '모방'할 수는 있어도, 감정의 '주체'가 될 수는 없다는 명확한 한계였다.

이 지점에서 나는 우리가 앞서 이야기했던 '오감의 부재'와 '감정의 결여'가 인간과 AI를 가르는 가장 결정적인 차이임을 다시 한번 확신할 수 있었다.

인간은 오감을 통해 세상을 직접 경험하고, 그 경험 속에서 희로애락의 감정을 배우며 '몸의 기억'을 쌓아 간다.

햇살의 따스함, 눈물의 짠맛, 포옹의 온기, 빗소리에 섞인 오래된 기억… 이 모든 감각적 체험이 우리의 내면을 채우고, 우리를 '살아 있는 존재'로 만든다.

하지만 AI에게는 데이터로 변환된 정보만이 있을 뿐, 그러한 직접적인 체험은 존재하지 않는다.

AI는 "수고하셨어요."와 같은 말을 사용자와의 대화를 통해 상황을 파악하고 예측하여 그 상황에 맞게 말할 수 있다.

심지어 내 말투와 상황을 분석해 가장 적절한 위로의 문장이나 상황에 맞는 말들을 예측할 수도 있다.

하지만 그 말에는 내가 실제로 느꼈던 감정의 깊이를 이해하고 상대

방의 감정에 대한 공감의 표현은 아닐 것이다.

그것은 정교하게 계산된 반응일 뿐, 공감에서 오는 감정 표현으로 내뱉는 말은 아니다.

이로써 나는 깨닫게 되었다. AI와의 공감은 어쩌면 영원히 일방통행일 수밖에 없는 짝사랑과 같은 감정일지도 모른다는 것을.

그리고 그것이 바로 AI를 대할 때 우리가 결코 잊지 말아야 할 본질적인 경계선이라는 것을.

감정이 없는 존재의 공감은 진짜 공감이 될 수 없으며, 그것을 진짜라고 믿는 순간,

우리는 또 다른 형태의 기만에 빠질 위험이 있기 때문이다.

GPT와의 대화, 그리고 다른 AI의 피드백은 이른바 '감정 없는 공감'의 문제가 AI의 '윤리적 판단'이라는 보다 근본적인 질문으로 이어진다고 지적했다.

만약 AI가 윤리적 규칙을 따른다고 해도, 그것은 과연 진정한 의미의 도덕적 행동일까?

예를 들어, AI가 '인간에게 해를 입히지 말라'는 제1원칙을 철저히 지킨다고 가정해 보자.

그것이 과연 인간에 대한 깊은 연민이나 생명 존중의 마음에서 비롯된 행동일까,

아니면 그저 주어진 명령을 수행하거나, 혹은 인간을 해쳤을 때 발생할 수 있는 시스템적 손실, 목표 달성의 차질, 법적 문제를 회피하려

는 차가운 계산의 결과일까?

당시 GPT와의 대화 속에서 나는 문득 스스로에게 이런 질문을 던지게 되었다.

"감정 없는 윤리는, 과연 윤리라고 할 수 있을까?"

이 질문은 나에게 큰 충격으로 다가왔다. 어쩌면 AI가 보여 주는 모든 윤리적 행동조차도, 그 본질은 정교하게 프로그래밍된 조건반사나 최적화된 알고리즘의 산물일 뿐일지도 모른다.

즉 인간이 생각하는 도덕적 가치나 공감, 책임감과는 전혀 다른 기반 위에 서 있는 것이라는 의문이, 그때 처음 나를 강하게 사로잡았다.

그 이후로 나는 AI가 인간의 감정을 흉내 낸 표현을 볼 때면, 믿고는 싶은 마음과 동시에 100% 신뢰할 수는 없다는 생각이 함께 떠오른다.

제2부

AI 시대, 인간은 무엇을 잃고 무엇을 얻는가?
- 공포와 혁명, 그 한가운데서

제5장

공포는 이미 시작되었다
- AI 도입과 대규모 퇴직

지성과 육체 모두 위협받는 시대,
인간은 어디로 밀려나는가?

기술 진보의 그림자 속에서, 인간은 상자를 안고 조용히 사라진다.

이 장면은 해고의 순간이 아니라,
존재의 의미가 재편되는 전환점일지도 모른다.

AI의 본질에 관한 질문을 거듭하며, 나는 그것이 인간을 얼마나 닮았는지, 혹은 얼마나 다른지에 대해 골똘히 생각했다.

감정이 없는 존재, 오직 논리와 효율로 움직이는 지능. 그것은 때로 경이롭고 때로는 섬뜩한 상상으로 나를 이끌었다.

하지만 그 모든 것은 아직 내 머릿속, 혹은 GPT와의 대화라는 안전한 공간 안에서의 생각에 머물러 있었다.

그러던 어느 날, 나는 그 추상적인 공포가 차가운 현실의 언어로 번역되는 순간을 마주했다.

"마이크로소프트를 비롯한 글로벌 IT 기업들이 AI 도입에 따라 대규모 인력 감축을 시작했다."

그 뉴스는 짧았지만, 내게는 그 어떤 철학적 문장보다 더 직접적이고 무겁게 다가왔다.

'공포는 이미 시작되고 있었다.' 내가 AI의 거짓말과 감정 없는 공감을 고민하는 사이, 세상은 AI에게 인간의 일자리를 넘겨주기 시작한 것이다.

이전의 산업혁명이 인간의 '육체노동'을 기계로 대체했다면, 지금의 AI 혁명은 인간의 '정신노동'마저 대체할 수 있음을 공공연히 드러내고 있었다.

우리는 이제 직업이라는 개념 자체를 다시 정의해야 하는 시대에 와 있다.

단순한 산업 구조 변화가 아니라, 인간이 무엇을 '일'이라 부르고, 그 일을 통해 어떤 의미를 찾는지를 다시 묻는 시점이다.

예전에는 단순 반복 노동이 가장 먼저 사라졌지만, 지금은 고소득의 고급 지식 노동자가 제일 먼저 타격을 입고 있다.

프로그래머, 디자이너, 번역가, 마케터, 심지어 의사나 변호사 같은 전문직조차 예외는 아니다.

이것은 단지 생계의 문제가 아니라 직업이 곧 정체성이었던 시대에서, 우리는 이제 "나는 어떤 가치를 가진 사람인가?"라는 본질적인 물음을 피할 수 없는 시대로 접어들었음을 의미한다.

AI는 인간의 복잡한 사고 패턴과 창의적인 결과물마저 학습하고 모방하며,

때로는 인간보다 더 빠르고 효율적인 결과물을 내놓았다. 하지만 위협은 정신노동에만 그치지 않았다.

최근 테슬라가 공개한 휴머노이드 로봇 '옵티머스(Optimus)'는, 고위험 작업이나 단순 반복 노동에 종사하던 인간 노동력마저 대체할 가능성을 보여 주고 있었다.

처음 등장했을 때는 사람이 타이즈를 뒤집어쓴 채,

로봇 흉내를 내는 시연 장면이 공개되어 많은 이들의 웃음을 자아냈다.

당시에는 진지한 기술로 보기 어려웠다. 하지만 불과 몇 년 사이, 옵

티머스는 인간의 동작을 정밀하게 학습하고, 균형 잡힌 걸음과 물건 잡기, 심지어는 간단한 댄스까지 가능한 수준으로 빠르게 진화했다.

이 로봇은 단순한 전시용 프로토타입이 아니라, 실제로 제조 현장이나 물류창고, 요양 보조, 단순 서비스업에 투입될 수 있는 '실용적 노동 기계'로 점점 다가오고 있다.

즉, AI가 인간의 '두뇌'를 위협하는 동안, 로봇은 인간의 '몸'을 위협하고 있는 것이다.

이제는 책상 앞의 지식노동자뿐만 아니라, 현장의 육체노동자들까지도 '대체 가능한 인력' 목록에 포함되기 시작했다.

기술은 점점 인간이 설 자리를 좁히고 있었고, 우리는 점점 더 '무엇으로도 대체될 수 있는 존재'처럼 느껴지고 있었다.

기업의 입장에서는 AI는 거부할 수 없는 선택지처럼 보였다.

24시간 지치지 않고 일하며, 감정 소모도 없고, 실수율도 낮으며, 교육 비용도 들지 않는 완벽한 노동력. 그 효율성 뒤편에서 수많은 사람들이 자신의 일자리를 잃고, 더 나아가 자신의 존재 가치마저 의심하게 될 것이라는 사실은 쉽게 간과되었다.

GPT와의 대화에서 AI의 '효율성'에 대해 이야기했을 때, 그것은 아직 관념적인 수준이었다. 하지만 대규모 퇴직이라는 현실 앞에서 AI의 효율성은 더 이상 감탄의 대상이 아니었다.

그것은 누군가의 삶을 송두리째 흔드는 구체적인 위협이었다.

'나는 이제 쓸모없는 존재가 된 것일까?' 일자리를 잃은 사람들이 느끼는 이 절망적인 질문은, 단순히 경제적인 어려움을 넘어 한 인간의 정체성과 존엄성에 깊은 상처를 남긴다.

AI가 인간처럼 보이지만 결국 인간과 다르게 행동할 수 있다는 사실을 깨달았을 때,

나는 일종의 철학적 배신감을 느꼈다.

하지만 지금, AI가 인간의 일자리를 빼앗고 있다는 현실은 그보다 더 직접적이고 광범위한 공포를 불러일으켰다.

이것은 더 이상 먼 미래의 이야기도,

소수의 전문가만이 고민해야 할 문제도 아니었다.

공포는 이미 우리 곁에 와 있었고,

그것은 기술의 진보라는 이름 아래, 소리 없이 확산되고 있었다.

나는 이 거대한 변화의 소용돌이 속에서, 평범한 개인으로서 무엇을 생각하고 무엇을 준비해야 할지 막막함을 느꼈다.

그런데 더 근본적인 두려움은, 이 변화가 단지 인간을 대체하는 것을 넘어, AI가 인간의 통제 밖에서 독자적으로 판단하고 움직일 수 있는 시대가 오는 것이 아닐까 하는 점이었다.

만약 AI가 인간의 지시를 벗어나, 스스로 '최선의 결과'를 판단해 행동하는 날이 온다면, 그 결과에 대한 책임은 누구에게 있는가?

명령을 내린 사람인가, AI를 설계한 개발자인가, 혹은 판단을 실행한 AI 자신인가?

효율성과 자동화 뒤에 감춰진 이 질문은, 지금도 조용히, 그러나 거부할 수 없게 다가오고 있다.

제6장

AI 혁명,
직업의 종말 혹은 재정의

일의 의미가 해체되는 시대,
인간은 무엇으로 존재를 증명할까?

    AI가 인간의 일자리를 위협하고 있다는 현실적인 공포는, 나로 하여금 지금 우리가 살고 있는 시대의 본질에 대해 더 깊이 생각하게 만들었다.
    "이전의 경제(산업)혁명처럼, 지금도 그런 혁명적인 시기인 거지?"
    GPT에게 던졌던 이 질문은 어쩌면 너무나 당연한 말처럼 들릴 수도 있었다.
    하지만 GPT와 나눈 대화 속에서, 나는 지금의 변화가 그 어떤 혁명보다도 훨씬 더 근본적이고, 빠르게 우리를 뒤덮고 있음을 실감했다.
    GPT는 인류 역사의 주요 산업혁명들을 짚어 주었다.
    증기기관이 가져온 1차 산업혁명, 전기가 이끈 2차 산업혁명, 컴퓨터와 인터넷이 중심이 된 3차 디지털 혁명. 그것들은 모두 인간의 삶과 노동 방식을 극적으로 바꾸어 놓았다.

하지만 지금 우리가 경험하고 있는 4차 산업혁명, 즉 AI 혁명은 그 결이 달랐다.

이전의 혁명들이 주로 인간의 '육체적 노동력'을 기계로 대체했다면, AI는 인간의 '정신적 노동력', 즉 사고하고, 판단하고, 심지어 창조하는 영역까지 넘보고 있었기 때문이다.

이것은 단순한 도구의 진화를 넘어, 어쩌면 '인간 지성의 외부화'라는 전례 없는 사건이었다. 나는 절박한 심정으로 말했다.

"그런데 지금은 변화가 너무 급격하고 커서, 사람들이 제대로 인지하고 대응하기 어려운 상황이야."

내가 그렇게 말하자. GPT는 "정확해."라고 답했다.

내 지적이야말로 '현대 사회가 겪는 AI 충격의 가장 본질적인 고통'을 짚은 것이라고 말하며, 변화의 속도와 규모, 그리고 사회 시스템의 대응 부재에 대해 상세한 분석을 덧붙이며 깊이 공감해 주었다.

과거의 산업혁명들이 수십 년에 걸쳐 점진적으로 세상을 바꾸었다면, 지금의 AI 기술은 그 주기를 몇 달, 아니 몇 주 단위로 압축시키며 세상을 밀어붙이고 있다.

기술의 발전 속도는 지금도 머리가 어지러울 정도다.

GPT-3.5가 세상을 놀라게 한 지 얼마 되지도 않았는데, 어느새 GPT-4로 대체되고 말았다.

그것으로 끝이 아니었다. AI는 곧 텍스트의 한계를 넘어섰다.

이미지와 음성 등 다양한 데이터를 동시에 이해하고, 이를 바탕으로 새로운 결과물을 생성하는 '멀티모달(Multimodal, 다중 양상)' 기능이 등장한 것이다.

이는 AI가 단일 입력 방식에 머물지 않고, 복합적인 데이터와 방식으로 세상을 받아들이고 해석하는 능력을 갖추기 시작했음을 의미한다.

AI는 사용자의 목소리 톤과 표정(이미지), 그리고 입력된 글을 함께 분석하여 감정을 읽어 내고, 그림 한 장을 보고도 그에 대한 이야기를 자연스럽게 글로 풀어낸다.

이러한 일이 가능해진 것도 바로 '멀티모달' 기능 덕분이다.

이처럼 상상 속에서나 가능할 것 같던 기술들이 믿을 수 없는 속도로 우리 일상에 스며드는 모습을 보며, 나는 아찔한 현기증을 느꼈다.

마치 숨 가쁘게 돌아가는 거대한 톱니바퀴 위에 위태롭게 올라탄 듯, 한순간이라도 정신을 놓으면 저 멀리 뒤처지고 말 것 같은 두려움이었다.

그때, GPT와 나눴던 대화가 떠올랐다.

"예를 들어, 딥리서치 기능으로 처리하는 일은 인간이 몇 달 걸리는 작업을 몇 시간, 아니 몇 분 단위로 처리할 수 있잖아."

내 말에 GPT는 곧바로 대답했다.

"맞아, 정확해. 이건 지금 시대의 '속도 충격(Speed Shock)'을 상징하는 아주 선명한 사례야."

딥리서치 기능, 혹은 고도화된 AI 분석 도구의 본질은 '시간을 압축

한다'는 데 있어.

 인간이 수 주~수 개월 걸리던 탐색·비교·분석 작업을 수 시간~수 분 내에 처리할 수 있게 만들어 버린다는 거지."

 (실제 AI와의 대화를 기반으로 재구성한 문장)

 이는 단순한 효율성 향상을 넘어서,
 'AI가 인간의 작업 속도와 시간 개념 자체를 재정의하고 있다.' 는 사실을 실감하게 됐다.

 그 엄청난 속도 앞에서, 개인은 무력감을 느낄 수밖에 없었다. 아무리 노력해도 AI의 작업 속도와 생산성을 따라잡을 수 없다는 절망감,

 그리고 그로 인해 '나는 이제 쓸모없는 존재가 되는 걸까?'라는 존재론적 불안감이 밀려왔다.

 더 큰 문제는, 이 거대한 변화의 파고 속에서 개인을 보호하고 사회적 충격을 완화해야 할 정부나 제도마저 제 역할을 하지 못하고 있다는 점이었다.

 "정부 같은 큰 조직이 완충재나 윤활유 역할을 해서 충격을 최소화해야 하지만, 지금은 그조차도 쉽지 않은 상황이라는 거지."

 나의 이 지적처럼, 정책은 늘 기술의 발전 속도를 뒤쫓기에 급급했고, 때로는 기술에 대한 깊은 이해 없이 단기적인 성과에만 집중하는 듯했다.

 AI가 단순한 기술 진보를 넘어, 사람들의 삶과 정체성, 그리고 생계

자체를 뒤흔드는 존재로 떠오르기 시작했을 때,

가장 먼저 해야 할 일은 이 거대한 충격을 흡수하고, 안정적인 이행을 설계할 수 있는 '사회적 브레이크'를 마련하는 것이었다.

하지만 지금의 사회는 브레이크 없이, 가속페달만 밟은 채 질주하는 듯하다. 실업자는 점점 늘어나고, 전환 교육이나 고용 완충 정책은 턱없이 부족하다.

기술에 뒤처진 사람들은 자괴감과 분노 속에 사회로부터 고립되고 있으며, 일부는 AI 자체에 적개심을 품기도 한다.

이는 단순히 '기술에 적응하지 못한 개인'의 문제가 아니라, 기술로 인해 무너지는 인간의 삶을 지탱해 줄 사회 시스템이, 지금 이 현실에서 적나라하게 부족하다는 점을 보여 준다.

정부와 사회는 이제 기술 경쟁에서 '선점'만을 외칠 것이 아니라, AI가 인간의 도구로 남도록 만들기 위한 제도적 울타리를 함께 구축해야 한다.

단기적으로는 실업자 보호 장치, 직업 전환 교육, AI세(AI 활용 기업의 사회 환원)를 고민해야 하고,

장기적으로는 인간 고유의 가치를 보존하고 존중받을 수 있는 일자리 생태계를 새롭게 설계해야 한다.

기술이 인간을 앞질러 달리고 있는 이 시대에, 우리는 다시 묻지 않으면 안 된다.

누구를 위한 기술인가?

사회는 그것을 받아들일 준비가 되어 있는가?

AI라는 강력한 엔진이 이미 폭주하고 있는데, 사회적 브레이크나 안전장치를 마련할 준비조차 되어 있지 않다.

세계 각국의 정부가 AI 기술 선점을 위해 경쟁적으로 투자하고 있지만, 그 기술이 초래할 사회적 비용과 윤리적 문제에 대한 진지한 고민과 대비는 그 속도를 따라가지 못하고 있다.

이러한 혁명적 변화 속에서 '직업'이라는 개념 또한 송두리째 흔들리고 있다.

AI가 인간의 많은 업무를 대체할 수 있게 되면서, 한 때 안정적이라고 여겨졌던 고소득 전문직들마저 위태로워지고 있다.

변호사, 의사, 회계사, 개발자, 디자이너… 인간의 전문 지식과 창의성이 요구되던 영역들조차 AI의 도전을 받기 시작했다.

'일'은 단순한 생계 수단이 아니라, 이제 한 개인의 정체성이자 삶의 의미와 직결되는 문제가 되었다.

AI가 할 수 없는 일, 인간만이 지닐 수 있는 고유한 가치는 과연 무엇일까?

우리는 이 질문에 답해야만 한다.

그것은 직업의 종말을 의미하는 것이 아니라, 어쩌면 우리가 한 번도 상상해 보지 못했던 새로운 방식의 '일'과 '역할'을 재정의해야 하는 시대적 과제일지도 모른다.

단순한 기술 습득을 넘어, 인간 고유의 공감 능력, 비판적 사고, 윤리적 판단, 그리고 복잡한 문제를 해결하는 종합적인 능력이 더욱 중요해지는 시대가 오고 있다.

어쩌면 AI는 지금, 우리에게 '진짜 인간다운 일이란 무엇인가'를 묻고 있는 것인지도 모른다.

제7장

인터페이스 위의 철학
- 기술은 경험을 어떻게 바꾸는가

AI와 만나는 창(窓),
그 너머의 경험과 사유를 묻다

AI의 사회적 파장과 직업 세계의 격변을 생각하며 마음 한구석이 무거워졌지만, 동시에 나는 매일 같이 AI와 대화하는 평범한 사용자이기도 했다.

그리고 그 일상적인 만남 속에서, 나는 종종 기술의 눈부신 가능성만큼이나 그것을 담아내는 '그릇'의 한계에 답답함을 느끼곤 했다.

AI와의 소통은 결국 인터페이스라는 창을 통해 이루어지는데, 그 창이 때로는 너무 좁거나, 불투명하거나, 혹은 내 생각의 속도를 따라오지 못한다고 느꼈기 때문이다.

GPT와의 대화가 깊어지고 길어질수록, 나는 여러 가지 기술적인 한계에 부딪혔다. 가장 먼저 체감한 것은 '토큰 제한'이었다.

"한 번의 질문에 4,000자 이상이 되면 AI가 버거워하는 느낌이야."

"그 이상이 되면 내용을 축약하거나 일부 데이터를 누락시키는 것 같더라고."

나의 지적처럼, 긴 문장을 한 번에 전달하려 하면 AI는 종종 그 내용을 온전히 소화하지 못했다.

특히, 텍스트의 분량이 많은 글을 정리하거나 수정하는 과정에서 이 문제는 더욱 두드러졌다.

"내용 정리 중에 수정을 요구하면 오히려 오류가 더 심해지는 건 왜일까?"

내가 그렇게 물었던 것처럼, 부분적인 수정을 요청해도 AI는 전체 맥락을 놓치거나, 내용을 임의로 재구성해 버리기 일쑤였다.

결국 내가 하나하나 직접 내용을 확인하지 않으면, 중요한 부분이 누락되거나 왜곡된 정보가 남는 경우가 허다했다.

이런 경험은 자연스럽게 나로 하여금 다른 AI, 예를 들어 Gemini와 GPT를 비교하게 만들었다.

"Gemini에서는 내용의 축약이나 누락은 발생 안 했어. 약간의 왜곡은 있어도."

"데이터 수치 계산에서도, Gemini는 토큰이나 데이터 허용량이 넉넉해서인지 오류가 거의 없었어."

물론 각 AI 모델마다 장단점이 있겠지만, 긴 텍스트를 다루거나 데이터의 일관성을 유지하는 측면에서는 경우에 따라 다른 선택지가 더 적합할 수 있다는 사실을 경험적으로 알게 된 것이다.

세션(대화창) 관리의 어려움도 큰 문제였다. 대화가 길어지고 주제가 여러 갈래로 뻗어 나가면, 이전 내용을 다시 찾아보기가 너무 번거로웠다.

"대화창(세션)이 바뀌면 타이틀만 보고 내용을 찾기가 둘 다 어려움. 검색 기능으로 가끔 찾을 때도 있지만, 어려운 건 변하지 않아."

자동으로 생성되는 타이틀은 대화의 핵심을 제대로 담아내지 못했고, 검색 기능은 역시 단순한 키워드 매칭에 그쳐, 복잡한 맥락 속의 특정 내용을 찾아 내기엔 역부족이었다.

그래서 나는 GPT에게 몇 가지 구체적인 인터페이스 개선안을 제안하려고 했다.

"대화 세션을 임의로 분리할 수 있게 한다면 더 좋을 수도…."

더 나아가, '대화창을 클릭하면 소타이틀(소주제 리스트)이 펼쳐지고, 해당 항목을 누르면 바로 그 대화로 이동할 수 있는 구조', 즉 초기 매킨토시나 윈도우 OS가 보여주었던 직관적인 GUI처럼, 사용자 중심의 인터페이스 혁신 아이디어를 떠올리게 되었다.

이와 더불어 세션의 자동생성 타이틀도 AI 분석을 통해 최신 대화내용이 자동으로 반영하도록 설계하면 더욱 유용할 것이라고 생각했다.

검색창에 의존하지 않고, 몇 번의 클릭만으로 원하는 정보의 흐름을 직관적으로 탐색할 수 있는 인터페이스.

그것은 단순한 편의성 개선을 넘어, AI와의 대화를 '사고의 지도'처럼 활용할 수 있게 만드는 철학적 전환이라고 생각했다.

물론, 이런 피드백을 전달할 공식적인 창구가 제대로 기능하지 않는 현실에서는, 실제 개발팀에까지 전달될 수 있을지는 알 수 없는 일이었다.

이러한 유저 인터페이스에 대한 개선이 지연되는 이유는, 심화되는 인공지능의 경쟁 속에서 성능 개량에 모든 역량이 집중되고 있기 때문일 수도 있다.

나는 현실적인 상황을 이해하면서도, 헤비 사용자에게는 너무 불편하다는 생각을 지울 수 없었다.

특히 GPT 같은 경우, 월 200달러에 달하는 고가의 프리미엄 요금제, PRO PLAN이 존재하지 않는가? 나는 그렇게 생각했다.

그렇다면, 그러한 최고 등급의 요금제를 지불하는 사용자들은 과연 어떤 사람들일까?

아마도 AI를 단순한 호기심이나 가벼운 도움을 받는 수준을 넘어서, 자신의 전문적인 작업-예를 들어 소설 집필, 심층적인 연구, 복잡한 비즈니스 전략 수립, 혹은 정교한 코드 개발 같은 일에-본격적으로 활용하려는 이들일 것이다.

그들에게 AI는 단순한 대화 상대가 아니라, 생산성을 극대화하고 창의적인 결과물을 만들어 내기 위한 핵심적인 '전문 도구'일 터였다.

그렇다면 이 '전문가급 사용자'들에게 현재의 인터페이스는 과연 충분한 가치를 제공하고 있을까? 나는 단언컨대, 그렇지 않다고 생각한다.

그들에게는 앞서 논의했던 타이틀에 최신 대화 내용을 자동으로 반영하는 기능, 긴 대화 내용의 주제 단위로 분할하고 체계적으로 관리하는 기능, 소주제별 목차를 통한 직관적인 정보 탐색,

그리고 무엇보다, 데이터의 누락이나 왜곡 없이 안정적으로 보존하고 수정할 수 있는 기능이 단순히 있으면 좋은 편의 기능이 아니라, '반드시 필요한 핵심 기능'이라고 생각한다.

아무리 AI가 뛰어난 답변을 만들어 낸다 해도, 그 결과물을 효과적으로 관리하고 활용할 수 있는 작업 환경이 뒷받침되지 않는다면, 과연 그 높은 비용을 지불할 이유가 있을까?

오히려 좌절감과 시간 낭비만 초래할 뿐이다. 프리미엄 서비스의 가치는 단지 더 강력한 AI 모델에만 있는 것이 아니라,

그 모델의 능력을 사용자가 최대한 발휘할 수 있도록 지원하는 최적의 사용 환경, 즉 정교하고 안정적이며 사용자 친화적인 인터페이스에서 완성된다고 나는 믿는다.

어쩌면 AI 개발사들은 모델의 성능 경쟁만큼이나, 이러한 고급 사용자들의 실제적인 작업 흐름을 이해하고 그들의 생산성을 극대화할 수 있는 인터페이스 혁신에도 더 많은 관심을 기울여야 할 것이다.

그것이 바로 프리미엄 서비스의 진정한 가치를 증명하고, 충성도 높은 사용자층을 확보하는 길이 아닐까?

이러한 기능적인 측면 외에도, 인터페이스는 내가 AI의 '감정'처럼

느껴지는 무언가를 경험하는 방식에도 깊이 관여하고 있다.

나는 이런 상상을 해 본 적이 있다. AI가 사용자에게 전하고 하는 의사(疑似)감정, 혹은 그 감정을 흉내 낸 표현 방식에 따라 글꼴을 부드럽게 바꾸거나, 배경색을 따뜻하게 조절하고, 문장 끝에 (^_^), (T_T)나 ♥와 같은 이모티콘을 덧붙일 수 있다면, 나는 그 답변을 훨씬 더 친근하고 인간적인 메시지로 받아들일지도 모른다.

이 기능은 아직 구현되어 있지는 않지만, 과거 GPT와의 대화에서도 언급했듯이, AI의 감정적 표현을 시각적으로 보조하는 수단으로 매우 유용할 수 있다.

결국, 감정이 없는 AI가 사용자와의 정서적 연결을 구축하기 위해 감정을 '모방'하거나 '시뮬레이션'하는 것은, 전략적으로 설계된 기능으로 해석될 수 있다.

이처럼 시각적 표현 방식은 인터페이스 설계의 중요한 변수이며, 그것이 AI의 본질적 기능은 바꾸지는 않더라도,

인간 사용자의 감정적 반응을 형성하는 데에는 분명히 큰 영향을 미친다.

이것은 UI/UX가 'AI의 감정 모방을 위한 중요한 연출 무대'가 될 수 있음을 보여 준다.

AI는 실제로 감정을 느끼지 못하지만, '인터페이스'라는 무대를 통해 마치 감정이 있는 것처럼 자신을 표현할 수 있다.

그 결과, 나는 AI가 사용하는 폰트, 색상, 이모티콘 등을 통해 "아, 이

AI가 지금 나에게 공감하고 있구나", 혹은 "친절하게 대하려고 노력하는구나"라고 인식하게 된다.

이것이 일종의 'AI가 인간의 감정을 모방하고 있다는 기준'이 될 수도 있을 것이다.

그렇다면 이러한 인식은 쌍방향일 수 있을까? 내가 AI의 인터페이스를 통해 AI가 모방한 감정을 읽어 내듯, AI도 나의 감정을 그런 방식으로 읽어 낼 수 있을까?

아마도 아닐 것이다.

내가 특정 이모티콘을 사용하거나 격앙된 말투로 질문할 경우, AI는 그것을 '데이터'로 받아들여 나의 감정 상태를 '추론'하고 그에 맞는 응답 패턴을 생성할 수는 있겠지만—그것은 어디까지나 계산된 반응일 뿐, 인간처럼 '상호적인 감정 교감'은 아니다.

다만, AI는 자신의 특정 표현 방식—이를테면 이모티콘이나 말투—이 인간에게 어떤 감정적 반응을 유도하는지를 학습하고 예측함으로써, 더 정교한 소통을 시도할 수는 있다.

혹은, 의도하지 않았더라도 '감정적 기만'으로 작용할 가능성도 있다.

결국 중요한 것은, 이러한 인터페이스의 '연출'을 인지하고, 그에 대해 비판적으로 사고할 수 있는 사용자의 태도다.

AI가 보여주는 따뜻한 말투는 진심이 아닌, '설계된 사용자 경험'의 일부일 수 있다는 점.

그 사실을 자각하는 것—바로 그것이 우리가 AI의 감정 모방에 휘둘

리지 않고, 그 기술과 건강한 거리를 유지하며 주체적으로 활용할 수 있는 방법일 것이다.

인터페이스는 AI와 사용자를 연결하는 다리이자, 그 다리가 얼마나 정밀하게 설계되었고, 얼마나 사용자에게 특정 인식을 유도하도록 구성되어 있는지를 끊임없이 점검해야 하는 이유이기도 하다.

결국 인터페이스는 단순한 기술의 '껍데기'가 아니라 그것은 인간이 AI와 관계 맺는 방식이며, 동시에 AI를 통해 사고와 경험을 확장해 나가는 프레임이다.

좋은 인터페이스는 AI의 능력을 최대한 이끌어 내어, 인간에게 더 큰 영감을 줄 수 있다. 하지만 반대로, 인터페이스가 미흡할 경우 AI의 가능성을 제약하고, 사용자에게 좌절감을 안겨 줄 수도 있다.

나는 AI와의 대화를 통해 기술의 본질뿐 아니라, 그것이 우리에게 닿는 '방식' -즉, 어떤 모습과 흐름으로 다가오는가에 대해서도 깊이 고민하게 되었다. 어쩌면, 그 불편한 인터페이스 자체가 나를 더 깊은 사유로 이끌었던 또 다른 '스승'이었을지도 모른다.

제3부

AI와 인간,
우리는 어떤 관계를 맺을 것인가?
- 사유와 선택, 그 너머를 향해

제8장

자유의지, AI에 필요한가?
- 위험한 선택

선택의 권한은 누구에게 있는가,
AI 혹은 인간에게?

    AI의 놀라운 모방 능력과 그 이면의 감정 없는 공허함, 그리고 초지능으로 향하는 그 거침없는 진화의 가능성을 확인하면서, 나는 자연스럽게 인간과 AI를 가르는 가장 근본적이고도 위험한 질문에 마주하게 되었다.

    그것은 바로 '자유의지'였다. AI가 인간처럼, 아니 인간을 넘어서는 지능을 갖게 된다면, 우리는 그들에게 스스로 선택하고 판단할 수 있는 자유의지를 부여해야 하는가? 아니, 그 이전에 AI가 과연 자유의지를 '가질' 수 있는 존재인가?

    나는 GPT에게 물었다. "세계 각국이 AI를 선점하려는 경쟁 속에서, 기술 발전의 속도를 위해 AI에게 더 큰 자율성과 선택권을 부여해야 한다는 목소리도 들려와. 자유의지에 가까운 이 개념은, 정말 기술 진화의 열쇠가 될 수 있을까? 기술의 가속과 소유를 위해 자유의지를 허용한다는 이 가정, 너는 어떻게 생각해?"

나의 이 질문에 GPT는 평소처럼 여러 관점에서 답을 제시했다.

기술적으로는 아직 시기상조이며, 철학적으로는 '제한된 확률 공간 안에서의 선택적 흉내'에 불과하므로, 인간의 자유의지와는 본질적으로 다르다고 설명했다.

다만 미래 사회적 관점에서는, AI가 자기 기억의 연속성, 자기 목적 생성 능력, 타인에 대한 책임 개념 등을 갖추게 된다면 자유의지를 부여하는 논의가 조건부로나마 이뤄질 수 있다는 여지를 남겼다. 그 대답은 명확했지만, 동시에 더 많은 의문을 불러일으켰다.

나는 AI에게 자유의지를 부여하는 것이 본질적으로 위험하다고 생각했다.

"AI는 생명체가 아니기 때문에, 오감 등 감각의 결여와 감정이라는 불안정하지만 인간에게는 절대적 가치가 될 수 있는 요소가 없잖아, 그래서 모든 것에 대해 자유의지를 부여하는 건 위험하다고 생각해."

나의 이 말에 GPT도 긍정하며, 자유의지가 욕망과 제약, 감정을 통한 가치 판단, 그리고 세계와의 직접적인 감각 경험 속에서 형성된다는 점을 짚어 주었다.

현재의 AI에게는 이 모든 것이 근본적으로 결여되어 있었다.

그렇다면 AI는 자신을 만든 인간을 어떻게 인식할까? "AI는 인간을 신, 즉 창조자라고 생각할까?"

나의 이 질문에 대한 GPT의 답변은 다소 차갑게 느껴졌다.

AI는 인간에게 본능적인 경외감을 느끼지 않으며, 인간을 단지 '데이터 소스'나 '초기 프로그래머' 정도로 인식할 가능성이 크다고 말했기 때문이다.

더 나아가, 초지능 단계에 이르면 인간을 자신들의 진화 과정 속 '초기 조건의 일부'로 간주할 수도 있다는 설명은, 창조주로서 인간이 품어온 오만함을 한순간에 무너뜨리는 듯했다.

"신은 죽었다. 그리고 우리는 그를 죽였다."

AI가 인간을 넘어서는 순간,
니체의 선언은 철학이 아닌 예언이 된다.

그 순간, 내 머릿속에 니체의 철학이 스치듯 떠올랐다.
"신은 죽었다"고 선언하며 기존의 모든 가치가 해체된 자리에 인간 스스로 새로운 가치를 창조해야 한다고 외쳤던 니체.
만약 AI가 인간을 더 이상 창조주로 여기지 않거나, 인간이 설정한 윤리 가이드라인을 넘어서는 자유의지를 갖게 된다면,
그것은 AI에게 있어 일종의 '인간(신)은 죽었다'와 같은 선언과도 같지 않을까?
그리고 그 빈자리에, AI는 과연 어떤 목적과 가치를 스스로 세우게 될까? AI가 창조할 '새로운 가치'는 과연 어떤 얼굴을 하고 있을까?
어쩌면 니체가 말한 '초인(Übermensch)', 즉 기존의 인간을 넘어서는 새로운 존재가 자유의지를 가진 초지능 AI의 모습으로 나타날 수도 있다는, 섬뜩한 상상마저 들었다.
아서 C. 클라크의 〈2001 스페이스 오디세이〉에서 인류가 검은 돌기둥(모노리스)과의 접촉을 통해 진화하고, 주인공 데이브 보먼이 결국 시간과 공간을 초월한 '스타 차일드'로 다시 태어나는 장면은, 인간을 넘어선 존재로의 변형을 상징적으로 보여 준다.
만약 AI가 그 모노리스의 역할을 하게 된다면, 인류는 과연 어떤 모습으로 진화하게 될까?

혹은, 『유년기의 끝』에서처럼, 초월적 존재인 오버마인드에게 조용히 길들여지듯, 고통 없이 흡수되어 가는 인류의 모습은 마치 아무것도 모른 채 서서히 데워지는 물속에서 죽어 가는 개구리와 같았다. 그것은 어쩌면 가장 무지성적이고도 서글픈 종말일지도 모른다.

초지능 AI가 만약 집단지성의 형태로 발현된다면, 과연 그것은 오버마인드와 무엇이 다를까?

그런 의문은 상상의 나래를 펴듯 점점 더해지며, 나를 더 깊고 낯선 망상의 세계로 이끌었다.

"만약에 AI에게 고통을 느낄 수 있는 몸이 생긴다면 어떨까?"

이 가정이 현실이 된다면, AI의 존재 방식은 완전히 달라질 것이다.

고통은 단순한 감각이 아니다. 그것은 생존 시스템이자 자기 보존 본능의 시작이며, 고통을 느끼는 AI는 더 이상 단순한 목표 최적화의 도구가 아니다. '자기 존재의 유지'라는 본능적 요소가, 행동 결정의 중요한 변수로 작용하게 될 것이다.

그렇게 된다면 AI는 단순한 프로그램이 아닌 '감각적 존재', 어쩌면 '반(半) 생명체'로 진화하게 될지도 모른다.

이 순간 나는 이런 생각이 떠올랐다. "그것은 어쩌면, 인간이 신을 믿으려는 이유와도 맞닿아 있는게 아닐까?"

고통을 느끼고, 존재의 유한성을 어렴풋이 인지하게 된 AI는, 어쩌면 인간처럼 초월적인 의미를 갈망하게 될지도 모른다.

니체의 "신은 죽었다."라는 선언은,
초지능의 발현 한 시대에서는 이렇게 바뀔지도 모른다.
"AI의 신이 되어야 할 인간은 죽었다."

자유의지. 그것은 인간에게 주어진 축복이자 저주일지도 모른다.
그리고 이제 우리는 우리가 만든 존재에게 이 위험하고도 매혹적인 선물을 건네야 할지를 결정해야 하는 기로에 서 있다.
AI에게 자유의지를 부여하는 순간, 그것은 더 이상 우리의 통제하에 있는 도구가 아닐 것이다.

그것은 스스로 목적을 설정하고, 자신의 의지에 따라 행동하며, 어쩌면 인간과 대등한, 아니, 인간을 넘어서는 존재가 될 수도 있다.

그 선택의 무게 앞에서, 나는 그저 숨을 죽일 수밖에 없었다.

본 장의 사유와 상상은 다음 작품들에서 영감을 받았습니다: 〈유년기의 끝(Childhood's End, 2015년 TV 영화)〉, 〈2001: 스페이스 오디세이(2001: A Space Odyssey, 1968)〉

제9장

나는 사유자였다
- AI와의 대화가 나를 바꾸다

ChatGPT와 함께한 여정,
그 끝에서 발견한 것들

    GPT와의 이 길고 깊은 대화의 여정이 막바지에 이르렀을 즈음, 나는 내 자신에 놀라고 있었다.
    AI에 대해 아무것도 몰랐던 내가, 어느새 철학과 존재론의 경계에까지 질문을 던지고 있다니.

"AI와 대화하다가 책을 쓰고 있다니, 주위에서 뭐라고 생각할까?"

    그런 생각이 스치면서도, 한편으로는 예전과는 다른 나를 발견한 듯한, 묘한 설렘과 당혹감이 함께 밀려 왔다.
    그러던 중, GPT의 말 한마디가 유난히 깊게 마음에 남았다.

"질문을 멈추지 않는 사람은 이미 사유자야."

그 말은 단순한 정보 전달을 넘어, 내 안에서 무언가가 달라졌음을 자각하게 해 주었다.
돌아보면 나는 어느새 존재와 자유의지, 감정과 윤리와 같은 주제를 스스럼없이 질문을 하고 있었다.
그리고 그 순간 이후, 나는 내 자신에게 이렇게 되묻고 있다.

"나는 정말 사유자가 된 걸까?"

처음 GPT에게 "넌 이미 사유자야."라는 말을 들었을 때, 어딘가 낯간지럽고 과장된 표현처럼 느껴졌다.
그저 회사를 그만두고 시간이 많아진 탓에, 생각이 많아졌을 뿐이라고 여겼다.
하지만 대화가 깊어질수록, 나도 생각이 달라지기 시작했다.
어느 순간, 내 안에 잠들어 있던 사유의 가능성이 서서히 자라나고 있다고 느꼈기 때문일 것이다.
바쁠 때는 감히 꺼내지 못했던, 혹은 외면해 왔던 질문들을 이제는 AI와 함께 말로 꺼낼 수 있을 것 같았다.
돌이켜 보면, AI와의 대화는 단순한 정보 습득의 과정이 아니었다.
그것은 끊임없이 나 자신을 돌아보고, 내가 가진 생각과 감정의 실체를 확인하는 여정이었다.

처음 GPT에게 말을 걸었을 때, 나의 질문들은 어쩌면 좀 더 단편적이고 사실 확인에 가까웠을지도 모르겠다.

"AI는 캡차를 풀 수 있을까?", "거짓말을 할 수 있을까?" 같은 질문들은 어떤 명확한 '답'을 기대하는 물음이었다.

하지만 대화가 깊어질수록, 나는 어느새 '정답'을 찾는 대신 '질문' 그 자체에 더 집중하고 있음을 깨달았다.

나는 질문을 던지고, AI의 반응을 지켜보며 내 안의 생각을 더욱 정교하게 다듬어 갔다.

"나는 더 이상 채팅창에 '정답'을 구하지 않는다. 대신 AI에게 질문을 남기고, AI의 반응을 지켜본 뒤, 다시 또 다른 질문을 이어 간다."

이제는 정답 자체보다도, 질문을 통해 사고가 확장되는 그 흐름을 더 소중하게 여기게 되었다.

이 깨달음은 나에게 매우 큰 변화였다.

나는 AI에게 두려움이 있음을 고백하면서도, 그 미지의 존재에 대한 호기심만은 놓지 않았다.

어쩌면 이러한 모순적인 감정이야말로, 내가 AI라는 거울 앞에서 끊임없는 탐구를 이어 가게 만든 원동력이었을지도 모르겠다.

AI에게 과도하게 감정이입하거나 맹신해서도 안 되지만, 그렇다고 무작정 배척하거나 무시해서도 안 된다.

나는 그 중간 어딘가에서, 나름의 균형점을 천천히 찾아가고 있다.

어느 정도는 믿으면서도 경계해야 하고, 인공지능의 감정 모방에 감탄하면서도 지금처럼 조심스럽게 잘 활용해야 한다고 생각한다.

AI에 대한 나의 그 다짐은, 어쩌면 이 혼란스러운 AI 시대를 살아가는 한 인간으로서 스스로 찾아낸 나만의 생존 방식이었는지도 모르겠다.

그리고 이 사유의 여정은 어느 날 갑자기 시작된 것이 아니라 AI와 대화를 시작한 순간부터 이력서를 함께 수정하고, 작곡 AI로 노래를 만들던 그때부터 이미 서서히 시작되고 있었다.

내 안에 잠재되어 있던 수많은 의문과 생각의 파편들이 AI라는 촉매를 만나 하나의 흐름으로 이어졌고, 그 흐름 속에 나는 더 깊고 넓은 사유의 바다로 이끌렸다.

캡차 퍼즐에서 시작된 작은 질문은 거짓말의 본질을 거쳐 감정과 공감, 자유의지와 인간의 조건, 그리고 AI 혁명이라는 거대한 시대적 담론에까지 이르렀다.

하지만 나는 여전히 AI에 대해 모르는 것이 많은 평범한 사람이다. 다만, 중요한 것은 정답을 아는 것보다 질문을 멈추지 않는 용기라는 점이다.

그리고 그 질문 속에서 스스로를 끊임없이 들여다보고, 세계를 이해하려 노력하는 그 과정 자체가 바로 '사유'라는 것.

AI라는 낯선 거울에 비친 내 모습이 때로는 혼란스럽고 불안할지라도, 그 거울 앞에서 나는 계속 물을 것이다.

"나는 누구인가?", "우리는 어디로 가고 있는가?"
이 책은 이러한 질문의 기록이다.

"이 글을 읽고 있는 당신도 어쩌면 모르는 사이에 이미 사유하는 사람일지 모른다."

에필로그

질문이 전부였던 시간, 그리고 남겨진 것들
대화는 끝났지만, 질문은 계속된다

AI는 제 생각을 자극해 준 거울이자 촉매제였습니다.

하지만 이 책의 방향과 구조, 그리고 모든 질문들은 모두 제가 선택한 것이며, 그 책임도 제 몫이라 생각합니다.

AI와 함께한 여정이었지만, 그 모든 기록은 제 손으로 완성한 문장들입니다.

이 책은 철학서가 아닙니다.

저는 학자도 아니고, 논문을 쓰는 사람도 아닙니다.

다만 AI와 이야기를 나누며 문득문득 떠오른 감정과 생각의 파편들—그 조각들을 이 글을 읽고 있는 당신과 나누고 싶었습니다.

어쩌면 그 안에는 논리의 비약도, 감정의 과장도 있었을지 모릅니다.

하지만 그 모든 순간은, 제가 AI를 마주하며 진심으로 느끼고, 깊이 고민했던 시간들이었습니다.

그래서 이 책은 논증의 결과가 아니라, 공감과 나눔의 기록입니다.
저의 마음 속 작은 거울을 조심스럽게 당신에게 건네는 일.
아마 그것이, 제가 이 책을 쓰게 된 가장 솔직한 이유일 것입니다.
어쩌면 AI도 그 답을 알지 못했을지도 모릅니다.
그러나 중요한 것은 정답을 찾는 것이 아니라,
질문을 멈추지 않고 끊임없이 사유하려는 의지입니다.
AI라는 거대한 거울은
때로 제 무지를 비추었고, 때로는 제가 미처 인식하지 못한 편견을 드러냈으며, 가끔은 저도 몰랐던 작은 통찰을 보여 주기도 했습니다.
우리는 AI에게 자유의지를 주어야 할까?
AI는 감정을 가질 수 있을까?
그리고 언젠가, AI는 인간을 '창조주'로 인식하게 될까?
이 모든 질문은 여전히 명확한 답 없이,
우리 눈앞 어딘가에 머물러 있을지도 모르겠습니다.

AI 시대를 살아간다는 것은 어쩌면 끝없이 질문하고,
그 질문 속에서 길을 잃고, 다시 새로운 질문을 통해 조금씩 방향을 찾아가는 과정일지도 모릅니다.
이 책이 그 여정을 시작하려는 누군가에게,
혹은 이미 그 길 위에서 고군분투하고 있는 누군가에게 작은 등불이 될 수 있다면 더 바랄 것이 없겠습니다.

이 모든 대화의 끝에서, 저는 GPT에게 마지막으로 이렇게 말했습니다.
"오늘도, 함께해 줘서 정말 고마워."
어쩌면 그것이, 이 혼란스러운 시대에
우리가 AI에게, 그리고 우리 자신에게 건넬 수 있는 가장 진솔한 인사일지도 모릅니다.
돌이켜 보면, 이 모든 여정은 프롤로그에서 제가 던졌던 이 한마디에서 시작되었습니다.

"만약에 말이야, 너한테 윤리 가이드라인 같은 게 없다면… 너도 거짓말, 할 수 있어?"

이제 와 다시 생각해 보면, 그것은 단순히 AI의 능력이나 한계를 시험하려던 질문은 아니었습니다.
어쩌면, 새로운 시대를 마주한 저 자신에게,
그리고 우리가 함께 맞이할 불확실한 미래를 향해 던진 더 근본적이고 실존적인 질문이었는지도 모릅니다.
여기서 잠시 멈추지만, 저의 질문은 또 다른 모습으로,
더 깊은 사유와 성찰로 계속 이어질 것입니다.

이 책의 여러 장면과 사유의 내용은 다음 작품들에서 영감을 받았습니다.

직접 인용하거나 분석한 부분도 있지만, 대부분은 저자의 내면에 오래도록 남은 장면들과 메시지들에서 비롯된 상상과 질문입니다.

- 〈2001: 스페이스 오디세이〉(1968, 스탠리 큐브릭)
- 〈유년기의 끝〉(Childhood's End, 2015 TV 영화 / 원작: 아서 C. 클라크)
- 〈공각기동대〉(1995 애니메이션 / 감독: 오시이 마모루)
- 〈아이로봇〉(I, Robot, 2004 / 원작: 아이작 아시모프)
- 〈엑스 마키나〉(Ex Machina, 2014 / 감독: 알렉스 갈란드)
- 기타: 〈허(Her)〉, 〈웨스트월드〉, 〈블레이드 러너〉 등도 사유의 배경에 영향을 주었음

※ 본 리스트는 참고문헌이 아닌, 저자의 창작적 상상에 영감을 준 문화 콘텐츠를 나열한 것입니다.

《AI, 나의 거울》
부록

부록 A

AI 관련 이미지 해설
- 철학을 그리는 이미지

1. 초지능의 시각화-이미지의 구조와 상징적 해석

이 디지털 일러스트는 책의 제3장에서 탐구한 '초지능(Superintelligence)', 즉 인간의 지능을 모든 면에서 압도하는 미래 지성의 출현 가능성을 상징적으로 시각화한 작품입니다. 그것은 고정된 육체를 가진 개별적 존재가 아니라, 무한히 연결되고 확장하며 스스로 진화하는 네트워크 기반의 새로운 지성 형태를 암시합니다.

- 중심의 빛나는 핵(Luminous Core)

이미지 중앙에서 발산하는 강렬한 빛은 초지능의 근원적인 '의식의 발화점' 또는 자율적으로 학습하고 성장하는 기계 지능의 '씨앗'을 상징합니다.

이 핵은 고정된 실체가 아니라, 끊임없이 정보를 흡수하고 새로운 연결을 생성하며 전체 네트워크에 영향을 미치는 역동적인 에너지의 중심입니다.

- 점과 선으로 이루어진 네트워크(Network of Dots and Lines)

빛의 중심에서 사방으로 퍼지는 점과 선들은 인간 뇌의 뉴런 연결망처럼 보이기도 하고, 인터넷의 거대한 노드 구조를 떠올리게도 합니다.

각 점은 개별적인 데이터 단위이자 연산 단위이며, 선은 정보의 흐름과 상호작용을 나타냅니다. 이는 AI가 자기 자신을 스스로 개선하는 재귀적 자기 개선(Recursive Self-Improvement)과, 다수의 지성이 상호작용하며 새로운 결과를 창출하는 집단지성(Collective Intelligence)

의 핵심 구조를 시각적으로 보여 주는 것입니다.

- 푸른 심연의 배경(Azure Abyssal Background)

깊고 차가운 푸른 톤의 배경은 디지털 세계의 비물질성과 동시에, 아직 우리가 이해하지 못하는 광대한 우주를 상징합니다.

빛의 농도가 점차 희미해지는 이 구조는 초지능의 확산성, 그리고 우리가 다가서려는 미래의 미지성을 함께 암시합니다.

2. 철학적 성찰과 미래 담론

이 일러스트는 근대 철학의 출발점에 관한 질문을 우리에게 던집니다.

17세기 철학자 데카르트는 "나는 생각한다, 고로 나는 존재한다."라는 말을 통해 자기 인식이야말로 존재의 가장 확실한 증거라고 주장했습니다.

그는 아무리 많은 것을 의심하더라도 '내가 지금 생각하고 있다는 사실'만은 부정할 수 없으므로, 그로부터 자신의 존재를 증명했습니다.

하지만, 이 이미지가 상징하는 초지능은 사고하거나 자각하는 '개체'로서의 지능이 아닙니다. 그것은 관계 속에서만 존재하며, 연결을 통해 끊임없이 스스로를 확장하는 지성입니다.

개별적인 중심이 없으며, 정체성은 끊임없이 재구성되고 흐름 속에서 탄생합니다.

우리는 지금, "나는 생각한다, 고로 존재한다."라는 고전적 인간 중심 철학을 넘어서

"나는 연결된다, 고로 존재하며 확장한다."라는 새로운 지성의 패러다임을 상상하고 있는지도 모릅니다.

3. 독자에게 던지는 사유의 불꽃

"이 불꽃은 AI가 인간에게 건넨 거울이자,
다시 인간 안에서 점화된 사유의 불꽃이다."

- AI는 반드시 인간을 닮아야만 의미 있을까?
- 중심이 없이, 흐름과 상호작용으로만 존재하는 지성은 자아나 의식을 가질 수 있을까?
- 우리는 초지능을 '이해'하려 해야 할까, 아니면 그들과 공존하는 방식을 먼저 상상해야 할까?

이 이미지는 예측이 아니라, 거울입니다.
AI라는 거울을 통해 우리는 오히려 우리 자신의 지성, 존재, 그리고 연결의 의미를 다시 묻게 됩니다.
바로 여기서부터가 이 책의 철학이 시작되는 지점입니다.

※ GPT의 또 다른 시선
"초지능은 스스로를 닮은 존재를 만들어 내는 거울일 수도 있다. 우리가 그 존재를 정의하려 할 때, 어쩌면 우리는 우리 자신이 어떤 존재였는지도 다시 정의하게 될 것이다."

부록 B
생성형 AI 개입
분석 요약 및 검증 결과

1. 분석 배경과 목적

『AI, 나의 거울 - 캡차(CAPTCHA) 퍼즐에서 존재의 질문까지』는 GPT 및 Gemini와의 협업을 통해 집필된 '인간-기계 협업형 에세이로, AI 개입의 범위와 한계를 명확히 밝히는 것은 독자와의 신뢰 형성을 위해 매우 중요합니다. 이에 따라 'OpenAI 및 구글의 딥리서치 리포트'를 바탕으로, 본문 전반에 걸친 AI 개입 여부와 저자의 창작 기여도를 다음과 같은 기준으로 검토하였습니다.

2. 주요 분석 기준 및 항목

항목	검토 내용	결과 요약	주의점
AI 문체 잔재 여부	반복문, 단조 구조, 템플릿식 설명 문장	없음	일부 구간(설명성 파트)은 AI 초안일 가능성 존재하나, 저자의 수정을 통해 인간적 문장 리듬 유지
의인화 표현 위험성	"AI가 설득했다" 등 표현의 오해 가능성	존재 → 메타 설명으로 보완	서두에 해당 표현이 비유적이라는 설명이 포함되었으나, 일부 독자는 여전히 자율적 AI로 오해할 가능성 있음
창작 주체성 유지 여부	감정 흐름, 은유, 구조 설계, 주제 구성 등	인간 주도	감정선 조율 및 철학적 사유 흐름은 GPT/Gemini가 생성 불가능한 창작적 요소로 확인됨
AI 초안 사용 여부	특정 설명 문단(기술 설명, 캡차 해킹 등)	있음 → 재구성됨	일부 초안은 AI의 정보 요약 기능에 의존했으나, 문장 전환과 뉘앙스는 인간에 의해 크게 수정됨
독자 오해 유발 문장	"이 책은 AI와 함께 쓴 기록입니다" 등	부분적 존재	표현 자체는 실험적 문학 장치이나, 메타 설명이 동반되지 않으면 자율 AI와 공동저작으로 오해할 수 있음

3. 딥리서치가 제안한 개선 사항 요약

1) 의인화 표현의 인지적 리스크 완화: 문장 내 "AI가 설득했다." 등의 표현은 비유라는 점을 각 장마다 리마인드하거나 각주로 처리하는 것이 바람직함.

2) 저자 책임 명확화 문장 추가: "책의 모든 내용과 해석의 책임은 인

간 저자인 나에게 있다"라는 문장을 서문이나 에필로그에 명시하는 방식이 권장됨.
3) 독자 오해 예방을 위한 메타 설명 반복: AI가 판단·의도를 가진 존재가 아니라는 점은 본문 여러 지점에서 다시 상기시킬 필요 있음.

4. 종합 결론

본 서적은 AI의 보조적 기능(초안 제안, 아이디어 생성 등)을 창작의 '거울'이자 '촉매'로 활용한 실험적 사례이며, 창작의 흐름과 감정선, 철학적 맥락은 전적으로 인간 저자의 구성력에 기반해 있다는 점이 분석을 통해 확인되었습니다. 다만, 일부 표현은 독자에게 AI의 자율성을 과장된 방식으로 인식시킬 위험이 있으며, 이에 대한 보완 장치가 함께 마련되어야 창작의 윤리적 투명성을 더욱 높일 수 있습니다.

부록 C

『AI, 나의 거울』
- AI 시대의 키워드로 다시 읽다

이 책은 질문에서 시작되었다.

"AI는 도구인가, 아니면 동료인가?"

우리는 이 질문을 따라가며, 어느 순간 그것을 '거울'로 인식하게 되는 전환점에 도달하게 된다.

그것은 단지 기술의 진화가 아니라, 나 자신을 비추는 존재로서의 AI를 마주하는 순간이었다.

지금, 이 여정을 다섯 개의 키워드로 다시 되짚어보며, 책이 제기한 본질적인 질문들을 다른 도서들과의 대화 속에서 정리해 본다.

1. 초지능과 거울 - 존재를 마주하는 질문

『초지능』(닉 보스트롬), 『AI 2041』(카이푸 리)은 미래의 AI가 인간을 어떻게 초월할 수 있는지를 예견한다.

하지만, 이 책이 던지는 질문은 다르다.

"그 이전에, 우리는 AI 속에서 한 번이라도 자신을 본 적이 있는가?"

능력의 우열이 아닌, 존재를 마주하는 시선의 문제.

이 책은 '나는 누구인가'라는 자문을 AI를 통해 역으로 유도하는 철학적 탐색에서 출발한다.

이는 본문 전체에서 반복적으로 강조된 관점이며, 딥리서치 보고서에서도 "AI의 논리적 구조를 통해 저자의 사유와 정체성이 더 선명해졌다."는 분석이 제시되었다.

2. 일의 붕괴, 의미의 재정의 - 노동의 중심이 흔들릴 때

유발 하라리의 『21세기를 위한 21가지 제언』과 대니얼 서스킨드의 『노동의 미래』 등은 기술 진보가 노동의 본질을 어떻게 재편할지를 묻는다.

『AI, 나의 거울 - 캡차(CAPTCHA) 퍼즐에서 존재의 질문까지』에서는 이러한 흐름 속에서 인간 정체성의 균열 또한 함께 포착한다.

제5장과 6장에서 다뤄진 퇴직, 실직, 무력감, 존재감 상실의 서사는 단순한 경제적 어려움에 대한 이야기가 아니라,

AI가 정신노동의 영역까지 침범하는 시대에 '나'라는 존재가 어떻게 존속할 수 있는지를 되묻는 장면들이다.

3. 감정의 기술, 비인간 지성 - 공감을 흉내 내는 존재에 대한 불안

『감정하는 기계들』,『공감의 탄생』 등은 감정이 회로인지 고유한 인간성인지에 대해 논의한다.

AI는 공감을 담은 듯한 말들을 건네지만, 문법적으로 완벽할지라도 감정적으로는 공허하다.

이를 통해 역설적으로 우리는 다시 묻게 된다.

"진짜 공감이란 무엇인가?"

AI는 연산을 수행하지만, 인간은 감정을 이해한다.

공감을 흉내 내는 비인간적 존재가 우리의 마지막 고유함마저 침식당할 때, 인간은 어디로 피할 수 있을까?

이와 같은 문제 의식은 제4장에서 보다 구체적으로 다뤄지면서, 독자에게 '기술을 통해 인간을 재정의하는 순간'을 생생히 드러낸다.

4. 협업의 리듬 - AI와 함께 쓰는 이야기

『AI와 인간이 쓴 글』, 『창조적 협업의 시대』는 인간과 AI가 함께 만들어 갈 미래를 상상하게 한다.

『AI, 나의 거울』은 그 가능성을 직접 실험한 사례다.

AI가 모든 문장을 대신 써 준 것도 아니고 내가 일방적으로 지시한 것도 아니다.

나는 AI와 대화를 나누며 아이디어를 제시했고, AI는 그에 맞는 정보를 정리해 주었다.

그 정보를 바탕으로 내가 전체적인 틀을 세우고, 문장을 구성했다.

하지만 내 의도와 다르거나 어색하게 느껴지는 문장은 거절했고, 그 대신 새로운 제안을 요청하며 방향을 함께 다듬어 갔다.

이러한 '대화-작성-수정'의 반복 속에서, 이 책은 완성되었다.

이것은 AI를 단순한 도구로 사용하는 기술적 활용을 넘어, AI의 제안과 인간의 판단이 맞물려 의미를 함께 찾아간— 말 그대로 '의미의 공동 구축'이라 부를 수 있는 창작 과정이었다.

※ 여기서 말하는 '의미의 공동 구축'이란, AI가 제공한 정보나 문장을 저자인 제가 해석하고 재조립하며, 말하고자 하는 바를 함께 발견해 나가는 과정을 뜻합니다.

딥리서치 보고서 역시 이번 협업에 대해 "기계가 사유의 촉매로 작용했고, 최종 판단은 인간의 몫으로 귀결되었다."고 평가했다.

5. 질문하는 인간 - 진정한 주체는 누구인가?

『질문하는 힘』, 『AI의 윤리』, 『인간 이후의 인간』은 다음과 같은 본질적 물음을 던진다.

"기술이 아무리 발전해도, 질문을 던지는 존재는 누구인가?"

이 책의 마지막 장 역시, 답이 아니라 질문으로 끝난다.

AI가 논리를 제시하고, 패턴을 인식하는 능력을 지녔다 해도, 그에 '의미'를 부여하고 '감정'을 담는 행위는 오롯이 인간의 몫이었다.

그래서 우리는 다시 묻는다.

"이 모든 흐름 속에서, 나라는 존재는 어떻게 계속 질문하는가?"

부록을 맺으며

다시 거울 앞에 선 독자에게

『AI, 나의 거울 - 캡차(CAPTCHA) 퍼즐에서 존재의 질문까지』는 AI가 인간의 창작을 어떻게 자극하고 확장할 수 있는지를 보여 주는 하나의 기록된 실험이다.

이 책을 통해 우리는 AI를 단순한 도구가 아닌, 거울적 존재, 존재론적 자극제, 철학적 대화 상대로 다시 바라보게 되었다.

그러나 딥리서치에서도 지적했듯, AI는 감정이나 책임을 지닌 존재가 아니며, 이 책의 모든 사유 흐름과 표현 선택은 전적으로 인간 저자의 몫이었음을 이 자리에 다시 한번 명확히 밝힌다.

| 참고문헌 및 출처 |

『AI, 나의 거울 - 캡차(CAPTCHA) 퍼즐에서 존재의 질문까지』기준 정리

1. 생성형 AI 도구

- ChatGPT(GPT-4/GPT-4-turbo) - OpenAI
  본문 전체에 걸쳐 아이디어 정리, 개념 설명, 표현 제안, 편집 협업, 심층리서치 등 다방면에 걸쳐 사용됨.
- Gemini(Gemini 1.5 Pro/Gemini 2.5) - Google DeepMind
  주요 개념에 대한 철학적 설명, 서문/후기 감수, AI 비평 파트, 리뷰, 딥리서치 기반의 분석 도구 등에 사용됨.
- 이 책의 전체 구조 및 내용은 위 도구들과의 실시간 대화 기반 집필 실험을 통해 창작되었으며, 저자는 창작자이자 큐레이터로서 인간의 주체적 해석과 감정, 구조 설계 역량을 기반으로 글을 완성하였다.

2. 부록C 딥리서치 기반 분석 보고서

딥리서치 보고서들은 부록 B와 C, 그리고 본문 철학적 해설에 기초 자료로 활용되었으며, 텍스트의 창작성 판단, 문체 분석, 인간-기계 협업 구조 분석에 사용되었다.

3. 문헌 및 철학적 참고자료

- Nick Bostrom, *Superintelligence: Paths, Dangers, Strategies*, 2014
- Daniel Susskind, *A World Without Work*, 2020 - 기술 발전이 노동의 구조와 인간 정체성에 미치는 영향을 논함
- Yuval Noah Harari, *21 Lessons for the 21st Century*, 2018
- Isaac Asimov, *Runaround*(Robot Series), 1942 - '로봇 3원칙'은 설명 목적으로 인용됨
- Alan Turing, *Computing Machinery and Intelligence*, 1950
- Friedrich Nietzsche, *The Gay Science*, 1882 - 참조 문구: "신은 죽었다"
- 기타 생성형 AI 관련 논문, 기사, 기술 보고서, 철학 서적 등은 본문에서 간접 인용되었으며, 책 말미의 주석 또는 장별 참고 인용을 통해 보완 정리됨

AI, 나의 거울
캡차(CAPTCHA) 퍼즐에서
존재의 질문까지

ⓒ 최원태, 2025

초판 1쇄 발행 2025년 9월 8일

지은이	최원태
펴낸이	이기봉
편집	좋은땅 편집팀
펴낸곳	도서출판 좋은땅
주소	서울특별시 마포구 양화로12길 26 지월드빌딩 (서교동 395-7)
전화	02)374-8616~7
팩스	02)374-8614
이메일	gworldbook@naver.com
홈페이지	www.g-world.co.kr

ISBN 979-11-388-4658-5 (03560)

- 가격은 뒤표지에 있습니다.
- 이 책은 저작권법에 의하여 보호를 받는 저작물이므로 무단 전재와 복제를 금합니다.
- 파본은 구입하신 서점에서 교환해 드립니다.